普陀山佛學叢書　主編　會閒

佛經精華録箋註

丁福保　编著
界　定　點校

華東師範大學出版社

《普陀山佛學叢書》編纂委員會

《普陀山佛學叢書》序一

在佛教文化中，有一樁很值得自豪的事業，就是典籍的整理。佛教典籍，作爲三寶住世的重要載體，自來受到教界、學界和廣大信衆的珍視。在佛陀涅槃後不久，就開始了第一次結集，可以看作是佛教典籍整理的源頭。從此之後，結集不斷進行。同時，佛教典籍也在增加——大乘經典的出現，諸類註疏的繁興，後世著述的湧現，儘管數量巨大，也都得到不斷地整理。只要看看各種不同的大藏經，就可以知道佛教典籍整理的成果是何等豐碩了。

這些整理工作的成績絶對令人驚歎。首先，佛教典籍整理的工作遍及寬廣的地域，産生了包羅宏富的藏經體系。世界上現存的大藏經有巴利語、漢文、藏文三大體系，有巴利語、漢文、藏文、西夏文、蒙文、滿文、日文七種文字流傳。這還不包括只剩下少數零散貝葉本或紙寫本的早期梵文經典，以及雖有刊刻卻未見傳世實物的契丹文大藏經。即使在世界文化史的範圍内，也很難看到如此宏富的典籍體系。其次，佛教典籍整理的工作貫穿着長久的歷史，各種體系的藏經都在不斷地完善着。就漢文大藏經來説，至遲在隋代，初期的手寫大藏經已經流傳。同時還有石刻藏經，如房山雲居寺就保存有從隋至明的各類石刻經版一萬五千餘塊。印刷術的發明，使得北宋初年就出現了第一部刻版大藏經——《開寶藏》。此後，我國歷代官、私所修的大藏經，目前已知的計有二十一種。在國外編印的漢文大藏經也有九種：朝鮮的《高麗藏》初雕、再雕兩種，日本的《弘安藏》《天海藏》《黄檗藏》《弘教藏》《卍字藏》《卍字續藏》《大正藏》七種。目前，中國大陸和中國臺灣正在分别編纂的《中華大藏經》和《佛光大藏經》，都力圖成爲能夠體現最新水準的新版大藏經。在我國没有任何一部典籍彙編，具有大藏經這樣不斷完善的歷程。比起數十部大藏經來，名聞遐邇的《四庫全書》顯得孑然孤立。

透過這些整理工作，使我們看到一代代佛教典籍整理者的虔敬和匠心。他們的虔敬，使得藏經的整理完全不藉外緣。俗話説，「盛世修典」，典籍的整理總需要一個太平盛世提供種種物質的支援。但是，藏經的編修卻並不如此，即使在亂世，這個工作也不曾停頓。信仰給予了這個工作無量的支持，人世的滄海桑田又何足摇動？他們的匠心，卻又使得藏經的整理最爲善用外緣。只要利於佛教典籍的流傳，他們無不擇取。貝葉上，紙帛上，碑石上，佛教典籍無處不在。我們在最早的紙質印刷品上看到的，是佛經。我們現在能夠利用的最爲完善的中文典籍電子檢索系統，是大藏經。他們從未錯失時運所賦予的機緣。

正是有了他們的努力，佛教典籍得以大批保存，使後來虔誠求法的信衆得以親近法寶。「感恩」二字，對於他們實在顯得太輕太微薄。也許，最真切的「感恩」，應該是繼承他們的願望，將佛教典籍整理的工作隨着新的機緣不斷推出弘揚。就是出於這個信念，我們中國佛學院普陀山學院啟動了這套《普陀山佛學叢書》的編輯工作。

我們首先希望能夠繼承前輩們編修藏經的傳統，盡力搜集整理未曾入藏的佛教典籍，逐步完成一個較爲系統的藏外文獻彙集。陸續進行近現代佛教典籍註疏系列、巴利文梵文藏文佛教典籍翻譯系列、近現代佛學名著系列、海外佛學名著系列等的整理刊印，從多方面、多角度拓展藏經的内涵。

我們對於佛教面向新時代的機緣，也有一個自己的理解。儘管佛教一直給予中國文化以深遠的影響，但是佛學仍然需要走入中國學術的中心，發揮更爲關鍵的作用。或許，這就將出現在這個時代。爲了將佛教典籍整理引向學術路徑，我們有意展開如下工作：重視佛教典籍的版本價值，推出佛學善本叢刊；以觀音、天台宗文獻爲核心，對入藏典籍進行標校整理，提供既符合古籍整理規範又便於閱讀的新版本；編輯整理當代海内外的佛學論著，關注佛學研究的最新動態。

我們中國佛學院普陀山學院也將圍繞佛教典籍整理展開自己的教學科研，組織力量對重要的佛學典籍進行註釋。嘗試以乾嘉學派的客觀實證方法研治佛學典籍，提供能幫助讀者進一步深入理解佛學的可靠讀本。我們期待這一註經工作，能夠成爲中國佛學院普陀山學院的長期學術事業。

當然，這個設想是過於宏大了，也遠遠超出了我們目前的實力。但是發一個宏願，必將有一份動力。我們相信，經過長期不懈的努力，一定能夠爲佛教典籍的長久流傳做一份貢獻。何況，普陀山自來就有的文化傳統，衆多善知識的熱心參與，都給了我們信心。同時，我們也熱忱期望，有更多的同道來參與這個事業。

法門無量誓願學。學佛法，必然從典籍開始。整理佛教典籍，將是我們中國佛學院普陀山學院義不容辭的責任。

中國佛學院普陀山學院院長　釋道慈*

述於普陀山普濟禪寺　二〇一三年四月五日

* 釋道慈，全國政協委員，中國佛教協會副會長，浙江省佛教協會名譽會長，普陀山佛教協會會長，普陀山普濟禪寺方丈，中國佛學院普陀山學院院長。

《普陀山佛學叢書》序二

《普陀山佛學叢書》即將出版，我由衷地感到欣慰。我以爲，這件事的意義遠不止出版了一套叢書，而是從中體現了普陀山佛教文化發展的新面貌。

普陀山承擔着半個亞洲的信仰，其得天獨厚的地位，帶給我們的不僅是自豪，也是責任。編纂《普陀山佛學叢書》，體現了普陀山佛教協會對於發展普陀山這一不容推辭責任的主動擔當。在當今社會條件之下，佛教發展越來越需要提升文化的内涵，著書立説應當成爲振興正信佛教的一大重要任務。普陀山佛協在推動普陀山發展的過程中，始終將文化置於自己的視野中，是迎合時代主題的。擔任叢書編纂任務的中國佛學院普陀山學院，也切實貫徹了佛協的精神。在他們的叢書構劃中，既有特别編輯獨具普陀山自身文化特色的《觀音藏》的願望，也有全面整理佛教文化典籍的抱負。而且，不止於對佛教文化典籍的整理，也發心以整理典籍爲核心展開自己的學術事業，服務於佛教的弘揚。我相信，他們的這項工作，必將積極促進普陀山的文化建設和未來發展。

這是普陀山發展中喜人的新面貌。之所以我非常贊賞並樂意支持他們的這項工作，是因爲這項工作的意義特别重大。理理紛繁萬千的思路，想到要處理好的兩個辯證關係，也寫出來，大家共勉。

我首先想到的是社會和文化的關係。可以説，我們中華民族正在穩步走向全面復興的道路上，舟山也已走進「新區」時代。前所未有的社會條件給予文化發展一個最佳的契機，佛教界當然也不例外。面對如此良好的社會發展機遇，我們每一個人都應該感到珍惜，想到回報。社會和文化之間存在一個辯證關係，社會給文化提供條件，文化也會促進社會的完善與發展。我們理應通過佛教文化的弘揚，爲社會的完善與發展盡心盡力。普陀山的佛教界都有一個共同的認識，普陀山已經超越了「香火興廟」的時期，應該認真考慮「文化興教」的問題了。發掘佛教文化對於當前社會建設的積極因素，逐步消除「香火興廟」時期的消極因素，是佛教界在完善自身形象，促進社會發展過程中必須率先予以關注的。我看到在叢書的字裏行間，對此有所意識，有所覺悟。

還有傳承和發展的關係。叢書畢竟是中國佛學院普陀山學院的學術工作，文化自身的意義還是應該突出的。對於文化來説，傳承和發展也是辯證的。發展以傳承爲基礎，傳承以發展爲目標。我們不能急於求成，一味强調佛學院法師們自己的著書立説，首先應該宣導甘於在經典中的沉浸並不斷加深自身涵養的氛圍。叢書中對於大德先賢著述的整理，值得贊許。不過，決不能僅僅止步於此，我們殷切期待法師們能夠從前輩經典的沉浸中儘快超越，在新的學術環境下，「究天人之際，通古今之變，成一家之言」。叢書中關於這一目標的設想，也盼望衆位法師念念不忘。

《普陀山佛學叢書》的出版，是個良好的開端。普陀山佛教文化事業的發展，卻是長期的歷程。它對於社會的積極促進，則是不斷的跋涉。

是爲序。

忻海平*

二〇一三年四月七日

* 忻海平，中共舟山市委常委，市委秘書長，市委統戰部部長。

《佛經精華録箋註》整理弁言

鍾錦

丁福保箋註了十四種佛經：《八大人覺經》《心經》《四十二章經》《佛遺教經》《觀世音經》《高王觀世音經》《金剛經》《阿彌陀經》《盂蘭盆經》《無量義經》《觀普賢菩薩行法經》《觀無量壽佛經》《六祖壇經》《無量壽經》。其中《心經》註本先後有三種：《心經箋註》《心經詳註》《心經精義》。另外，爲了「引人入勝，誘掖之使讀全經」（《箋經雜記八》），又集録佛經的精華，並以同樣的箋註體例註釋，編註成《佛經精華録箋註》。全書將佛教的基本觀念分録在總綱、懺悔、倫理、五藴、四諦、十惡十善、十二因緣、六度、達觀、無我、歸向、佛性、浄土十三類目之下，確實便於閲讀瞭解。因此，此書頗受歡迎，後來重印者不絶。

不過，這個《精華録》的缺陷也是很明顯的。比如，每個概念往往並未引録最早的出處，只是隨手抄録習見的經文，甚至是二手的編撰文獻。又如，也没有將這十三類目之間的内在關聯揭示出來，從而缺乏對佛學義理的體系把握。我揣測，丁氏箋註佛經很可能是邊學習邊註釋，他的箋註便成爲自身閲讀經歷與讀者的分享。在這樣的分享中，缺陷是可以理解的。而作爲讀者，在分享之餘，也許應該繼續丁氏的閲讀，並且對之不斷完善。或许，這也是丁氏所企盼的。

丁福保是個讀書人，他又以讀書人購書的心理，編輯了一本薄薄的小册子，卻起了個太過厚重的名字，叫做《佛藏經籍提要》。所以，初看這個小册子，會非常失望。收了極爲少量的佛藏經籍，寫了幾句簡單的介紹，再附上出版信息和價格，這不就是個購書清單嗎？ 細讀一過，才理解，這可能是丁氏指導讀者購買佛藏經籍的指南。 所收經籍太少，是因爲當時書肆的經書有限。 附上出版信息和價格，是便於讀者的選購。 應該説，其實用價值還是有的。 今天，我們也可憑此大致瞭解當時佛藏經籍的出版情況，故而將它附在《佛經精華録箋註》後面。

丁福保喜歡購書，也喜歡出版書。 想來他是因爲買不到了，就自己出版。 這也是讀書人自然會有的心理。 他出版的《佛學叢書》，對於佛藏經籍的流傳，頗有貢獻。 他的十數種佛經箋註，就收在這套叢書之中。 故而我們將《佛學叢書》的序跋，及其書目廣告，附在最後，便於我們具體瞭解丁氏出版佛藏經籍的目的以及出版的規模。

丁福保的《佛學叢書》由他自己創辦的醫學書局出版，《佛經精華録箋註》即其中一種，民國間鉛字排印。 界定法師根據此本施以現代規範標點，並對原文錯誤進行部分校改，之後又請禮賢法師校閲一過，希望能夠給讀者提供一個方便適用的本子。

目録

佛經精華録箋註序

楚衡沙門釋道階撰
無言居士黃章箋註

仲祜先生，無錫名族也，學海淵深，

《拾遺記》：「京師謂康成爲經神，何休爲學海。」

博綜群籍，而於佛理尤有深悟。

有所知覺之謂悟。悟者，悟實相之理也。○《法華經・方便品》：「欲令衆生悟佛知見，故出現於世。」

近刊《佛學叢書》，晳彰像教，

像教同像化，像法之教化也。又佛像與經教也。○《唯識述記序》：「漢日通暉像，教宣而遐被。」○《元亨釋書》二：「紹際像化，闡揚玄風。」

如《八大人覺》、

《八大人覺經》，後漢沙門安清譯。

《佛遺教》、

《佛遺教經》，姚秦三藏法師鳩摩羅什譯。

《四十二章》、

朱子曰：「《四十二章經》，最初傳來中國的文字。」○後漢迦葉摩騰、竺法蘭同譯。

《觀音》、

即《觀世音經》,《妙法蓮華經》第七卷之《觀世音菩薩普門品》也。昔伊波勤菩薩遊化葱嶺,來至河西。河西王沮渠蒙遜歸命正法,兼有疾患,以告菩薩。菩薩云:「觀世音於此土有緣。」乃令誦念《法華經》中之《觀世音菩薩普門品》,王之病苦即除。因此《普門品》別行於世,稱曰《觀世音經》。此説出《法華經傳紀》一。○姚秦三藏法師鳩摩羅什譯。

《彌陀》、

《彌陀經》有二譯本:唐三藏法師玄奘譯本名《稱贊浄土佛攝受經》,姚秦鳩摩羅什譯名《阿彌陀經》。仲祜先生所箋注者,羅什譯本也。

《金剛》、

《金剛經》爲《金剛般若波羅密經》之略名,此經即《大般若經》中之第五百七十七卷。前後共有六譯本,互有詳略,最通行者爲姚秦羅什譯本。仲祜先生所箋注者,即姚秦譯本也。

《盂蘭》、

《盂蘭盆經》,一卷,西晉三藏法師竺法護譯。○案:後世戲劇中之《目連救母》,本此。

《無量義》、

《無量義經》,一卷,蕭齊天竺沙門曇摩伽陀耶舍譯。佛説此經後,即接説《法華經》,故《無量義經》即爲説《法華經》之過度。

《觀普賢經》、

《觀普賢經》爲《佛説觀普賢菩薩行法經》之略名，劉宋罽賓三藏法師曇摩蜜多譯。此經爲《法華經》之結經也。

《般若心經》

唐釋玄奘以貞觀三年往西域取經像，行至罽賓國，道險虎豹不可過。奘不知爲計，乃鎖房而坐。至夕開門，見一老僧，頭面瘡痍，身體膿血，床上獨坐，莫知由來。奘乃禮拜勤求。僧口授《心經》一卷，令奘誦之。遂得山川平易，道路開通，虎豹藏形，魔鬼潛迹。遂至佛國取經六百餘部，以貞觀十九年還京師。玄奘奉詔譯經後，此經風行到今。見《神僧傳》。

各種箋注，業已次第弘傳。

弘，大也。○《論語》：「人能弘道。」○《妙法蓮華經弘傳序》道宣釋之云：「弘傳者，恢弘傳授也。」

戊午夏，余應金陵

金陵，地名，今金陵縣。戰國楚置金陵邑。唐武德三年，更江寧曰歸化。八年，更歸化曰金陵。九年，改更金陵曰白下。五代楊吴時，置金陵府於此。石晉天福二年，南唐李氏建都，改爲江寧府。

毗盧寺

毗盧寺原係一小庵，府縣志均未載。清咸豐間，毁於兵火。後有僧量宏者，有戒行，初創一佛殿，在督署前。某制軍令遷西華門外竺橋，即此寺址也。同治十二年，曾國荃督兩江。曾帥先與僧海峰有戲約。海峰，鎮江人，客湖南。同治間，住南岳齊公岩，有苦行。曾帥遊山，嘉其行，戲謂海峰：「如我督兩江，爲汝造庵。」海峰即立誓代九帥禮天下名山。曾帥感其誠，既督兩江，即招海峰擇地。遂與量師商之。寺既成，不數年遂成巨刹。今江南佛寺，以毗盧寺列於甲等。寺内藏曾帥墨迹甚夥。海峰師戒行清高，今已七十三歲矣。因寺中供養毗盧舍那佛，故名毗盧寺。○毗盧，毗盧舍那也。亦譯毗盧遮那。○毗盧舍那者，法身佛。盧舍那者，報身佛。釋迦如來者，應身佛。

請，開講《楞嚴》。

《楞嚴經》爲《大佛頂如來密因修證了義諸菩薩萬行首楞嚴經》之略名，十卷，唐般剌蜜帝譯。

先生詒書

詒，贈遺也。書，信也。○《左傳》：「叔向使詒子産書。」

見贈，閲之甚喜。蓋所喜者，即以佛經注佛經，非出一己臆見，俾讀經者開卷瞭然，誠末世

末世同末代。釋迦如來滅後五百年爲正法時代，次一千年爲像法時代，末後萬年爲末法時代。○《法華玄義》四：「末代凡夫，見思病重。」○《往生要集》上本：「往生極樂之教行，濁世末代之目足也。」

衆生

《般若燈論》：「有情者數數生，故名衆生。」○《大乘義章》七：「多生相續，名曰衆生。」

阿伽陀藥也。

伽陀，又名阿竭陀，藥名。或譯作普去、無價、無病。或云不死藥，或云丸藥。○《止觀》一之五：「阿伽陀藥，功兼諸藥。」

繼見命撰《佛經精華録箋注序》，以廣流通。余方三復

三復，反復玩味也。○《論語》：「南容三復白圭。」

斯編，有學者曰：藏内藏外

藏，《大藏經》也。

已有《法苑珠林》、

唐釋道世撰，凡百卷。

《大藏一覽》、

明陳實編，凡十卷。

《宗鏡録》、

宋釋延壽編，凡百卷。

《經海一滴》、

清世宗皇帝編，凡六册。

《宗鏡大綱》

清世宗皇帝選録，凡二十卷。

等，各種卷帙，

帙，書衣也。古人之書，皆爲卷子，以囊盛之則曰帙。

不爲不富。斯皆古今大知識、

《阿彌陀經》云：「皆是大阿羅漢，衆所知識。」〇《法華文句》四：「聞名爲知，見形爲識。是人益我菩提之道，名善知識。」〇《法華經·妙莊嚴王品》：「善知識者是大因緣，所謂化導令得見佛，發阿耨多羅三藐三菩提心。」

大居士，

在家之佛弟子名居士，如香山居士、東坡居士是也。○居士，梵語迦羅越。○《注維摩經》一：「什曰：『外國白衣，多財富樂者，名爲居士。』」○慧遠《維摩經疏》一：「居士有二：一廣積資財，居財之士，名爲居士；二在家修道，居家道士，名爲居士。」○嘉祥《法華經義疏》十一：「居士有二種：一居舍之士，故名居士；二居財一億，故名居士。」○《法華玄贊》十：「守道自恬，寡欲蘊德，名爲居士。」

纂集大藏

大藏經典，此土譯寫，遠在東漢。纂輯目録，始於道安。編定函號，肇自開元。鐫板流傳，權輿唐季。書本私刻，濫觴於宋而盛行於明。有清《龍藏》，亦甚浩博。今頻伽精舍所校印之《大藏經》，凡一千九百一十六部，總八千四百一十六卷。

數千卷之精華，分門

凡關鍵之處曰門。○《老子》曰：「衆妙之門。」

别類，

類，相似也。○《漢書》：「上亂飛鳥，下動淵魚，各以類推。」

所言之理，不爲不詳，用此奚爲？余曰：不然。衆生根性

善惡之習慣爲根性。○《輔行》二之四：「能生爲根，數習爲性。」

樂欲不同，

樂，願也，好也。樂欲者，願求欲望也。○《最勝王經》一：「一切煩惱，以樂欲爲本，從樂欲生。諸佛世尊，斷樂欲故，名爲涅槃。」○《盂蘭盆經》宗密疏：「願者，心之樂欲也。」

略之詳之，各有旨趣。

《輔行》：「旨者，意也。歸者，趣也。」

今先生爲好略衆生説法，故此編皆撮取大藏洎各纂集部中精華中之精華者，仍分類略加注釋。文雖極簡，理實貫徹大藏全書。無量法門，

《止觀大意》：「法門無量誓願學。」○《往生要集》上末：「法門無盡誓願知。」

盡在於是。但願後之閲是編者，苟於一句一偈悟得心源，

顔真卿《啜茶》詩：「疏瀹滌心源。」○方干《西湖》詩：「周迴潤物象心源。」○心源，心之本體也。○《菩提心論》曰：「妄心若起，知而勿隨。妄若息時，心源空寂。」○《止觀》曰：「心源一止，萬法同寂。」又曰：「若欲照知，須知心源。心源不二，則一切諸法皆同虚空。」○《四教儀》曰：「金剛後心，朗然大覺，妙智窮源，名真解脱。」

便能於一色一香境徹見中道。

台宗以實相爲中道，華嚴以法界爲中道。○《中論偈》：「因緣所生法，我説即是空，亦名爲假名，亦是中道義。」

佛性

佛者，覺悟也。一切衆生皆覺悟之性謂之佛性。○《華嚴經》三十九：「佛性甚深真法性，寂滅無相同

虚空。」〇《涅槃經》二十七：「一切衆生，悉有佛性，如來常住，無有變易。」〇華嚴《原人論》：「無始以來，常住清浄，昭昭不昧，了了常知，亦名佛性，亦名如來藏。」

一透徹，一切透徹，如嘗大海一滴之味，

《釋氏通鑒》：「韶國師問：『如何是曹溪一滴水？』法眼曰：『是曹溪一滴水。』韶聞乃大悟。」〇《五燈會元》：「僧問白水禪師：『如何是西來意？』師曰：『四溟無窟宅，一滴潤乾坤。』」

便同大海全體之味。將來行同諸佛，位證無生，

涅槃之真理，不生不滅，謂之無生。〇《圓覺經》：「一切衆生於無生中妄見生滅，是故説爲輪轉生死。」〇《最勝王經》一：「無生是實，生是虚妄。」〇《仁王經》中：「一切法性真實空，不來不去，無生無滅。」〇《止觀大意》：「衆教之門，大各有四，乃至八萬四千不同，莫不並以無生爲首。」〇《垂裕記》二：「無生寂滅，一體異名。」〇《肇論新疏遊刃》中：「清凉云：若聞無生，便知諸法本自不生，今則無滅。即生滅而無生滅，無生滅不礙於生滅。以能滅惡生善，自利利他，成菩薩乘。」

未嘗不從今日一悟始。法施

《無量壽經》上：「演法施，常以法音覺諸世間。」〇《智度論》十一：「以諸佛語妙善之法爲人演説，是爲法施。」

功德，

天台《仁王經疏》上：「施物名功，歸己曰德。」〇《勝鬘寶窟》上本：「惡盡言功，善滿曰德。」

詎有涯哉？先生宏經之願，殆外承如來使，

《法華經·法師品》：「善男子、善女人，我滅度後，能竊爲一人説《法華經》乃至一句，當知是人則如來

使。如來所遣，行如來事。」

現居士身而爲説法耶？

《楞嚴經》：「若諸衆生愛談名言，清淨自居，我於彼前現居士身而爲説法，令其成就。」〇《法華經》：「即現居士身而爲説法。」

箋經雜記八

余方删節經文欲成《佛經精華録》而自疑曰：《歷代三寶紀》十，沙門嚴清與謝靈運等欲删節《大涅槃經》，夢神呵之而止。余何人斯，敢割裂諸經典歟？既而曰：唯唯，否否，余誤矣。嚴、謝等之删經，欲重刊新本而廢其舊刻也。余之此舉，乃録其精華，欲引人入勝，誘掖之使讀全經也。況摘録各經之精華有先我而爲之者，如唐道世之《諸經要集》、明陳實之《大藏一覽》、清世祖之《經海一滴》，皆其先例。余何少所見多所怪，而遂自疑乎？既而又疑曰：古人既有諸經節本，重刻其書可矣，奚庸駢拇枝指爲？然古之節本，皆卷帙繁重，辭義艱深，閲之未易畢業。吾今成此書，是要集中之要集，一覽中之一覽，一滴中之一滴。更復加以箋注，使稚年晚出，展卷瞭然，獲事半功倍之益。讀而知所好焉，則自將求覽其全，博其趣，精搜熟講，無俟於余也。余於是決志成此《佛經精華録》。

或謂福保曰：此書達觀類中，論家之爲害，毋乃言之過甚，令人萌消極主義耶？答之曰：人造種種罪孽，皆爲自私其家而生。若確知家非我有，則可不必自私其家，則可不必廣造罪孽。當積極以求自度、度人，同趨於涅槃之域。所謂消極主義者，志意薄弱，信心未堅。既不知自度，又不知度人，但知厭世而不知學佛之精義，宜於三學六度積極以求之，其勤苦過於求田問舍固萬萬也。

或又謂論家之爲害過甚，恐於夫婦子女間之愛情淡薄？答之曰：佛教以大悲心爲體，對於一切衆生種種承事，種種供養，於諸病苦，爲作良醫；於失道者，示其正路；於暗夜中，爲作明燈；於貧窮者，令得伏藏。其説詳《華嚴經》，開卷即得。妻子亦衆生，衆生亦妻子也，其愛情惡有所謂淡薄者？能不自私自利則善矣。所以佛教慈悲，冤親平等。故《大般若經》曰：「上至諸佛，下至旁生，平等平等，無所分別。」

或又謂人人遠離其家，無妻無子，則人類始則減少，終至絶滅，將奈何？答之曰：人類之減少分爲二種。《未來星宿劫千佛名經》曰：「爲善者少，作惡者多，死墮三途，悉爲魚蟲畜生，不復得人身。故《法華經》云：『三惡道充滿，天人衆減少。』」此人類因爲惡而減少也。《業報差別經》謂具修增上十善，得生欲界散地天。若修有漏十善，與定相應，得生色界天。若離色修，遠離身口，與定相應，得生無色界天。此人類因爲善生天而減少也。既墮三惡道後，迨孽報既滿，再生人道，其數較人類之生天者尤多。況初世爲人，其信心尤爲薄弱，萬萬不肯遠離其家。此所以人類終不至絶滅。或又謂人遠離其家，則人類必將絶滅。答之曰：佛教本以修到浄土爲究竟。人人成佛，人人涅槃，可與一切衆生同證無生矣。或又謂既以無生爲佳，則厭世者行自殺。答之曰：《大般若經》謂我爲利樂諸有情故，而受此身。《梵網經》謂佛子若自殺、教人殺等，是波羅夷罪。據此則知今生既受此身，則不當自殺。自殺者得無量重罪，豈是無生？

或謂果如子言，人以無生爲樂，則鬼爲主而人爲客矣。余誦古書答之。《爾雅》曰：「鬼之爲言歸也。」《韓詩外傳》曰：「人死曰鬼，鬼者歸也。」《列子》曰：「鬼者歸也，歸其真宅。」又曰：

「古者謂死人爲歸人。夫言死人爲歸人，則生人爲行人矣。行而不知歸，失家者也。」又曰：「人胥知生之樂，未知生之苦；知老之憊，未知老之佚；知死之惡，未知死之息也。」《莊子》曰：「大塊載我以形，勞我以生，佚我以老，息我以死耳。」

或謂設有人欲出家，父母不之許，而其人竟自行出家，果爲孝乎，抑不孝乎？答曰：孝與不孝，不能定於父母不許之時，宜觀其出家已後之成績而定。設其人出家後能觀四諦而求涅槃，爲聲聞身；能觀十二因緣而求涅槃，爲緣覺身；能修六度而求菩提，爲菩薩身。精進不已，竟能成佛。如釋迦成佛後，回國以度父母，此大孝也。設其人出家後，懈怠墜落，虚生一世，造種種業，墮三惡道，此大不孝也。

客謂輪迴之説始於釋氏，吾終不之信。答之曰：《列子・天瑞篇》：「死之與生，一往一反。故死於是者，安知不生於彼？」此即輪迴之説也。況蔡邕是張衡後身，見於《商蕓語林》。羊祜是鄰子後身，見於《獨異記》。釋子智威是徐陵後身，見於《宋高僧傳》。節度使韋皋是諸葛武侯後身，見於《宣室志》。凡此種種，不勝枚舉。最奇者明人記載，謂宋王十朋爲永嘉僧嚴伯威之後身。余亦不之信。因檢《王梅溪集》卷十九，記此事甚詳。有曰：「嚴闍梨，汝前生食蔬，何多智？今生食肉，何許愚也？」又檢《後集》卷二《題石橋》詩曰：「石橋未到已先知，入眼端如入夢時（時嘗夢游）。僧喚我爲嚴首座，前生曾寫此橋碑。」

佛經精華録箋註

總綱

《楞嚴經》云：

《楞嚴經》，爲《大佛頂如來密因修證了義諸菩薩萬行首楞嚴經》之略名，凡十卷，唐房融筆授。

「佛言：『善哉，阿難。

善哉，稱贊之辭也。阿難，阿難陀之略，華言曰歡喜，曰慶喜。斛飯王之子，提婆達多之弟，佛之從弟，十大弟子之一也。生於佛成道之日，舉國慶喜，故以名焉。後隨侍佛二十五年，受持一切佛法。佛滅後結集三藏，諸經多阿難所述。

汝等當知一切衆生，從無始來，生死相續，

言輪迴流轉無極。後言：「生死死生，生生死死，如旋火輪，未有休息。」〇《列子・天瑞篇》：「林類曰：『死之與生，一往一反，故死於是者，安知不生於彼？』」

皆由不知常住真心，性淨明體，

《三藏法數》八：「三種常：一本性常，本性常者，即法身也。謂法身本性常住，無生無滅也。」〇《智度論》四十三：「常住不壞名常。」〇真，真實不妄也。〇心性者，不變之心體，即如來藏心自性清淨心也。〇

《起信論義記》中本：「所謂心性不生不滅。」○《智度論》三十一：「性名自有，不待因緣。」○《大乘義章》一：「性釋有四義：一者種子因本之義，二體義名性，三不改名性，四性别爲性。」○體者物之一定不變，而爲差别之支分所依根本也。　案：常住真心之性浄明體，所謂「本性圓融，遍周法界」者是也。

用諸妄想。

不當於實曰妄，妄分别，取種種相，曰妄想。　○《大乘義章》三本：「凡夫迷實之心，起諸法相，執相施名，依名取相，所取不實，故曰妄想。」○《觀無量壽經》：「行者所聞，出定之時，憶持不捨，令與修多羅合。若不合者，名爲妄想。」○案：諸妄想，有十二妄想，出《楞伽經》。　一言説妄想，二所説事妄想，三相妄想，四利妄想，五自性妄想，六因果妄想，七見妄想，八成妄想，九生妄想，十不生妄想，十一相續妄想，十二縛不縛妄想。

此想不真，故有輪轉。

輪轉，同輪迴。　謂輪轉三界六道，無脱出之期也。　○《往生要集》上本：「輪轉無際，不免三途。」

汝今欲研無上菩提，

研，窮究也。　○《易・繫辭》：「夫易，聖人之所以極深而研幾也。」○無上菩提者，菩提爲無上佛道，故名。○又《智度論》五十三：「五種菩提：五無上菩提，謂等覺妙覺，坐於道場，斷諸煩惱，成阿耨多羅三藐三菩提，是名無上菩提。」

真發明性，

真實發明本性也。

應當直心詶我所問。

《維摩經·佛國品》：「直心是菩薩浄土。」又《菩薩品》：「直心是道場。」注：「肇曰：『直心者，謂質直無諂，此心乃是萬行之本。』什曰：『直心，誠實心也。發心之始，始於誠實。』」○《玉篇》：「詶，答也。」

十方如來，同一道故。

諸佛同道，脱苦得樂，皆有直心者，有二種：一發言無虚假，如此文所勸，浄名道場；二向理之心，無別岐路，即如《起信》三心之直心也。今此經意，須具二者而言。始令發言無妄，終成向理心絶，方爲十方同道。見《楞嚴長水疏》一。《楞嚴纂注》一：「十方如來，皆以直心出離生死。汝今欲研真發明性，亦當以直心也。」

出離生死，

出離生死，證入涅槃也。○《仁王經》中：「天人具修出離行，能習一切菩薩道。」○《佛地論》五：「言出離者，即是涅槃。」○生死，三界六道之生死，如載人運轉之車輪者也。○《智度論》五：「生死輪載人，諸煩惱浩業，大力自在轉，無人能禁止。」

皆以直心，心言直故。

心直言直也。○《成實論》一：「修多羅者直説語言。」○《教行信證》二卷序：「最勝直道。」

如是乃至終始地位，

《資持記》上一之一：「如是者，指示之詞。」○《教行信證·行卷》：「乃至者，一多包容之言。發心曰始，始於發菩提心也。究竟曰終，終於達涅槃界也。」○地位有三乘共十地、大乘菩薩十地、四乘十地諸別。

中間永無諸委曲相。』」

中間，自發心至究竟之中間也。○委曲，謂委細屈曲也。○司馬相如《子虚賦》：「紆徐委曲，郁橈溪谷。」

〇案：無委曲相，言其直也。

《華嚴經》曰：

《華嚴經》，爲《大方廣佛華嚴經》之略名。〇《華嚴略策》：「大方廣者，所證法也。佛華嚴者，能證人也。大以體性包含，方廣乃業用周遍，佛謂果圓覺滿，華喻萬行披敷，嚴乃飾法成人，經乃貫穿常法。」〇《四教儀集注》上：「因行如華，莊嚴果德。」〇此乃八十卷本，唐實叉難陀譯。

「如來普觀法界一切衆生，

如來爲佛十號之一。〇法界，界者，邊際之義；法，極法之邊際而言，謂廣大深遠無過於此。〇《止觀》三：「出法界外，何處更別有法？」〇又《止觀》五：「當知法界外，更無復有法而爲次第也。」〇《往生要集》上。〇《中阿含經》十二云：「劫初光音天下生世間，無男女尊卑。衆共生世，故言衆生。」此據最初也。

具有如來智慧德相。

《大乘義章》九：「照見名智，解了稱慧，此二各别。知世諦者名之爲智，照第一義者説以爲慧，通則義齊。」〇《法華經義疏》二：「經論之中，多説慧門鑒空，智門照有。」

愚痴迷惑，

《瑜伽論》八十六：「痴異名者，亦名無智，亦名無見，亦名非現觀，亦名惛昧，亦名愚痴，亦名無明，亦名黑暗。」〇《法界次第》上之上：「迷惑之性，立之爲痴。若迷一切事理，無明不了，迷惑妄取，起諸邪行，即是痴毒，亦名無明。」〇《大乘義章》五本：「暗惑名痴。」〇《華嚴大疏鈔》二十：「迷於四諦，皆曰愚痴。」

不知不見。

一切衆生，因愚痴迷惑，故不知不見自身有如來智慧德相。

我當教以聖道，

聖道，聖者之道也，三乘所行之道也。○《華嚴經》八：「具轉聖道妙法輪。」○《成實論》一：「聖道能破一切結使。」

令其永離妄想執著，

《大乘義章》五末：「謬執不真，名之爲妄。妄心取相，目之爲想。」○《楞伽經》四：「妄想自纏，如蠶作繭。」○《菩提心論》：「夫迷途之法，從妄想生，乃至展轉成無量無邊煩惱。」○執著，謂固著於事物而不離也。○《大般若經》七十一：「能如實知一切法相而不執著故，復名摩訶薩。」○《菩提心論》：「凡夫執著名聞利養資生之具，務以安身。」

自於身中得見如來廣大智慧，

此如來指法身如來而言。謂人人身中皆藏一如來也，即人人皆有佛性也。○《大乘止觀》：「此心即自性清浄心，又名真如，亦名佛性，亦名法身，亦名如來藏，亦名法界，亦名法性。」○《理趣般若經》：「一切有情，皆如來藏。」又《述贊》下：「此真性正實如來，藏在纏中，名如來藏。一切衆生皆有真理故。」○《勝鬘寶窟》下本：「如來性住在道前爲煩惱隱覆，衆生不見，故名爲藏。是衆生藏如來也。」

與佛無異。」

《六祖壇經》：「本性是佛，離性無別佛。」又曰：「善知識，不悟，即佛是衆生；一念悟時，衆生是佛。故知萬法盡在自心。何不從自心中，頓見真如本性？《菩薩戒經》云：『我本性元自清浄，若識自心見性，皆成佛道。』」又曰：「若起正真般若觀照，一剎那間，妄念俱滅，識自本性，一悟即至佛地。」又曰：「佛向性中作，莫向身外求。自性迷即是衆生，自性覺即是佛。慈悲即是觀音，喜捨名爲勢至，能浄即釋迦，平直即彌陀。」

《華嚴經・行願品》曰：

《華嚴經・行願品》，共四十卷，唐罽賓國三藏般若譯。

「復次，善男子，言恒順衆生者，謂盡法界、

法界，見前注。

虚空界，

虚空界，謂眼所見之大空也。○《中阿含經》三十六：「譬如月無垢，遊於虚空界。」○《智度論》一：「虚空界無量諸佛土。」

十方剎海，

四方、四隅及上下，曰十方。○剎海猶言水陸。剎，梵語，譯爲土田。○唐《華嚴經》二：「剎海微塵數。」○《法界觀門》：「不壞一塵而能廣容十方剎海，廣容十方剎海而一塵不大。」

所有衆生，種種差別。所謂卵生、

依卵殼而生者，名卵生。○《大乘義章》八：「如諸鳥等依於卵殼而受形者，名爲卵生。」

胎生、

如人類、獸類在母胎内完具身體而生者，名胎生。○《俱舍論》八：「有情類生從胎藏，是名胎生。如象、馬、牛、豬、羊、驢等。」

濕生、

如魚、蝦、蛇、蛟等依濕受形而生者，名濕生。

化生，

無所依託，唯依業力而生者，名化生。如諸天與地獄及劫初之衆生皆是也。

乃至一切天龍八部、

天龍者，八部衆中之二衆也。八部之中，以此爲上首，故標舉天龍八部而言。八部：一天，二龍，三夜叉，四乾闥婆，五阿修羅，六迦樓羅，七緊那羅，八摩睺羅迦。

人非人等，

《舍利弗問經》：「八部皆曰人非人。」○《法華經義疏》二：「人非人者，八部鬼神本悉非人，而變作人形來聽説法，故云人非人也。」

無足二足、四足多足，

《瑜伽論》八十三：「無足有情者，如蛇等。二足有情者，謂人等。四足有情者，如牛等。多足有情者，如百足等。」

有色無色，

欲界與色界之有情有色身者，名有色。○天台之《金剛經疏》：「有色即欲、色二界，無色即空處。」○長水之《金剛經刊定記》四：「有色即以色爲身，無色即以四蘊爲身。」

有想無想、

有想對無想之語。無想天之對於有情，故名有想。○無想即無想天，在色界四禪天之上，即浄梵地之第一天也。

非有想非無想，

《智度論》名非有想非無想，《俱舍論》謂之非想非非想。在無色界之第四處，即三界之最上也。生於此處者，不如地下之有粗想煩惱，故名非有想，又名非想；尚有細想之煩惱，故名非無想，又名非非想。名非有想之故，外道即以此處爲真涅槃處；名非無想之故，佛者知此處尚爲生死之境。

如是等類，我皆於彼隨順而轉。

隨順者，謂從他之意也。○《法華文句》二：「供養諸佛者，只是隨順佛語。」

種種承事，

承事者，承順服事也。

種種供養，

奉香華、燈燭、飲食、資財等以資養三寶，曰供養。

如敬父母，如奉師長，及阿羅漢乃至如來，等無有異。

言承事供養一切衆生，如敬父母，如奉師長，如敬奉阿羅漢乃至如來。彼此相等，無有稍異。○《智度論》三：「阿羅名賊，漢名破，一切煩惱破，是名阿羅漢。復次，阿羅漢一切漏盡，故應得一切世間諸天人供養。復次，阿名不，羅漢名生，後世中更不生，是名阿羅漢。」○乃至爲超越中間之辭。阿羅漢之後，當有菩薩摩訶薩，方可以如來接之。○功德施菩薩曰：「菩薩摩訶薩，其義云何？於菩提處有決心，菩薩也。於一切衆生誓與利益，摩訶薩也。」

於諸病苦，爲作良醫；於失道者，示其正路；於暗夜中，爲作光明；於貧窮者，令得伏藏。

伏藏，埋伏土中之寶藏也。○《涅槃經》七：「善男子，如貧女人舍内多有真金之藏，家人大小無有知者。」

菩薩如是平等饒益一切衆生。

饒，多也，豐厚也。

何以故？菩薩若能隨順衆生，則爲隨順供養諸佛；若於衆生尊重承事，則爲尊重承事如來；若令衆生生歡喜者，則令一切如來歡喜。何以故？諸佛如來以悲心而爲體故。

《起信論》：「三者大悲心，欲拔一切衆生苦故，謂佛有大悲心。深喜菩薩尊事衆生，故云尊事衆生如尊事佛也。」

因於衆生而起大悲，因於大悲生菩提心，

菩提，舊譯曰道，求真道之心，曰菩提心。新譯曰覺，求正覺之心，曰菩提心。其義一也。○《智度論》四十一：「菩薩初發心，緣無上道，我當作佛，是名菩提心。」○《觀經・玄義分》：「願以此功德，平等施一切，同發菩提心，往生安樂國。」

因菩提心成等正覺。

等正覺，梵語三藐三菩提。詳下。

譬如曠野沙磧之中，有大樹王，

大樹中之最大者曰大樹王。

若根得水，枝葉華果，

凡佛經中之「花」，皆作「華」。

悉皆繁茂。生死曠野菩提樹王，

譬喻吾人菩提心之生滅。

亦復如是。一切衆生而爲樹根，諸佛菩薩而爲華果，以大悲水饒益衆生，則能成就諸佛菩薩智慧華果。何以故？若諸菩薩以大悲水饒益衆生，則能成就阿耨多羅三藐三菩提故。

《維摩經·佛國品》肇注曰：「阿耨多羅，秦言無上。三藐三菩提，秦言正遍知。道莫之大，無上也。其道真正，無法不知，正遍知也。」○《浄土論注》曰：「佛所得法，名爲阿耨多羅三藐三菩提。阿爲無，耨多羅爲上，三藐爲正，三爲遍，菩提爲道，統而譯之，名爲無上正遍道。」新譯無上正等正覺。按：言覺知真正平等之一切真理，謂無上之智慧也。蓋即大悲心也。

是故菩提屬於衆生，若無衆生，一切菩薩終不能成無上正覺。

無上正覺，見「阿耨多羅三藐三菩提」注。

善男子，汝於此義，應如是解。以於衆生心平等故，

平等，對於差別之稱。無高下淺深等之別曰平等。〇《大般若經》曰：「善現（須菩提）白佛：『求無上菩提應云何住？』告曰：『當於一切有情（衆生）住平等心，不應住不平等心；當於一切起平等心，不應起不平等心；當以平等與語，不應不平等與語。』」

則能成就圓滿大悲。以大悲心隨衆生故，則能成就供養如來。菩薩如是隨順衆生，虚空界盡，衆生業盡，

《俱舍光記》十三：「造作名業。」

衆生煩惱盡，

《智度論》七：「煩惱者，能令心煩，能作惱故，名爲煩惱。」〇《唯識述記》一本：「煩是擾義，惱是亂義，擾亂有情，故名煩惱。」

我此隨順無有窮盡。念念相續，無有間斷。身語意業，

身業者，殺、盜、淫。語業者，兩舌、惡口、妄言、綺語。意業者，嫉、恚、痴。詳下文「十善十惡」。

無有疲厭。」

疲，倦也。《論語》：「學而不厭，誨人不倦。」〇行以上十善不倦不厭也。

《華嚴經》曰：「善男子，此菩薩發阿耨多羅三藐三菩提心。所謂起大悲心，救護一切衆生故；起供養佛心，究竟承事故；起普求正法心，

正法者，真正之道法也。〇《無量壽經》上：「弘宣正法。」

一切無吝故；

因無吝，故能捨棄世間一切事而普求正法。

起廣大趣向心，求一切智故；

《仁王經》下：「滿足無漏界，常浄解脱身。寂滅不思議，名爲一切智。」〇《中論疏》九末：「知一切法名一切智。」〇《華嚴經大疏》十六下：「《智度論》云：『如函大蓋亦大。』還以無盡之智，知無盡法，是故如來名一切智。」〇《法華經義疏》二：「《般若・三慧品》云：『知一切法一相，故名一切智。』又云：『知種種相，故名一切種智。』」

起慈無量心，

《仁王經》下：「修四無量：慈無量心、悲無量心、喜無量心、捨無量心。」〇慈無量心者，爲四無量心之一，即以樂與人之心也。

普攝衆生故；起不捨一切衆生心，被求一切智堅誓甲故；

以一切智爲堅誓之甲。

起無諂誑心，得如實智故；

《智度論》二十三：「如實智者，一切法總相、别相如實正知無有罣礙。」〇又《智度論》八十四：「如實智有何等相？答曰：『有人言能知諸法實相，此中説如實智，唯是諸佛所得。何以故？煩惱未盡者，猶有無明，故不能知如實。二乘及大菩薩習未盡，故不能遍知一切法一切種，不名如實智。但諸佛於一切無明盡無遺餘，故能如實知。』」

起如説行心，

如佛説，如經説，名曰如説。○《法華經・隨喜功德品》：「何況一心聽，解説其義趣。如説而修行，其福不可限。」

修菩薩道故；

圓滿自利、利他之二利而成佛果，是爲菩薩道。○《法華經・藥草喻品》：「汝等所行是菩薩道。」

起不誑諸佛心，守護一切佛大誓願故；起一切智願心，

一切智願心者，求一切智之願心也。

盡未來化衆生不休息故。

言普救來世無量衆生永不休息。

菩薩以如來是等佛刹微塵數菩提心功德，

刹，土地也。佛刹，佛國佛土也。○微塵數，譬數量之多。以物碎爲微塵，故其數極多。○《法華經・分別功德品》：「大千界微塵數菩薩。」○言如是等佛國之微塵數，有無量數也。

故得生如來家。」

真如法界，如來之所住，故稱如來家。○《唯識論》九：「菩薩得此二見道時，生如來家。」○《唯識論述記》九末：「無性云，謂佛法界名如來家。於是證會，故名爲生。」

《大般若經》曰：

《大般若經》，爲《大般若波羅密多經》之略名，唐玄奘譯，共六百卷。

「上至諸佛，下至旁生，

此指十法界言。○《三藏法數》：「法界者，諸佛衆生之本體也。然四聖六凡感報界分不同，故有十法界焉（四聖者，佛、菩薩、緣覺、聲聞也。六凡者，天、人、阿修羅、餓鬼、畜生、地獄也）。」○《三藏法數》三十九：「畜生者亦云旁生。此類遍在諸處：披毛戴角，鱗甲羽毛，四足多足，有足無足；水陸空行，互相吞啖，受無窮苦。宿由愚痴貪欲，作中品五逆十惡感報而生，是名畜生法界（旁生者，謂其身形横生也。中品者，謂作惡已後起少悔心也）。」

平等平等，無所分別。

一切衆生皆有佛性，所以佛與衆生平等而無區别。

何以故？自相皆空，

《唯識述記》二末：「如五藴中，以五藴事爲自相，空無我等理爲共相。如是展轉至不可説爲自相，可説極微等爲共相。故以理推無自體。且説不可説法體名自相，可説爲共相。以理而論，共既非共，自亦非自。」

都無分别。因無分别，行六度梵行等無相功德。

六度：一布施，慈心施於物也；二持戒，持佛戒，慎身口意之惡也；三忍辱，忍耐一切之苦痛凌辱而心不動也；四精進，勇猛勉勵一切之善，伏一切之惡也；五禪定，以心止於一處，去其妄念也；六智慧，分别真理也。此六度爲萬行之總體。前五爲福行，後一爲智行。福行以智行助成，依智行斷惑證理，以度生死海也。○梵，清浄之義。斷淫欲法爲梵行。○《維摩經》：「示有妻子，常行梵行。」○《涅槃經》三十：「涅槃名爲無相，以何因緣名爲無相？善男子，無十相故。何等爲十？所謂色相、聲相、香相、味相、觸相、生住壞相、男相、女相，是名十相。無如是相，故名無相。」

謂圓滿一切相智，及餘無量諸佛功德。若菩薩見乞丐及旁生，起是念云：

是字指下文言。

如來是福田，

《探玄記》六：「生我福故名福田。」○《無量壽經》淨影疏：「生世福善，如田生物，故名福田。」

我應施與，及供養恭敬。旁生等非福田故，不應施與所須資具。是菩薩起如是念者，即非菩薩。所以者何？求趣無上菩提，

無上菩提，爲五種菩提之一。五種菩提者，發心菩提、伏心菩提、明心菩提、出到菩提、無上菩提也。

要淨自心，福田方淨。故見乞者不應作是念，

此「是」字指上文。

應作是念：

此「是」字指下文。

我發菩提心者，非爲己利，願爲盡十方遍法界，一切極苦有情之所依怙。

有情，舊譯作衆生。

豈以分別高下？應以平等施而攝益之，兼以善慰調勉引趣無上菩提，同證無生，

無生者，涅槃之真理。無生無滅，故云無生。○《最勝王經》：「無生是實，生是虛妄。」○《肇論新疏遊刃》

中：「清涼云：『若聞無生者，便知一切諸法，悉皆空寂，無生無滅。』」〇《垂裕記》二：「無生寂滅，一體異名。」〇袁宏《後漢紀・明帝紀》云：「生時善惡皆有報應，故貴行善修道，以練精神。練而不已，以至無生。」

方滿己願。何以故？是菩薩恒作是念：我爲利樂諸有情故，而受此身。

受此身，即投胎爲人也。〇袁宏《後漢紀・明帝紀》云：「人死精神不滅，隨復受形。」

諸有來求，定當施與，不應不施。故見乞者便起是心：

此「是」字指下文。

吾今此身，本爲他受。彼不來取，尚應自送。況來求索，而當不與？作是念已，歡喜踴躍，自解支節而授與之。

自解支節而授與之，此舉其最難者言。寓言也。

復作是言：今獲大利

大利指上文「方滿己願」言。

而不思報，其福無邊矣。」

思報則落於我相、人相、衆生相、壽者相。既落四相，福報有時而盡，是有邊際也。不思報，則不落四相，故其福無邊。

《毗曇論》云：

《毗曇論》，即《佛説立世阿毗曇論》之略名，説國土日月等事，即佛教之宇宙觀也。有二十五品，陳之真諦譯，凡十卷。

「何爲邪見？

邪見爲五見之一。五見者，一身見，二邊見，三邪見，四見取見，五戒禁取見是也。

言無善惡業報，無今世後世。

《魏書·釋老志》云：「有過去、當今、未來三世，漸積勝因，陶冶粗鄙，經無數形，澡練精神，乃至無生。」

法説非法，非法説法。」

《智度論》云：

《智度論》，爲《大智度論》之略名，凡百卷，即以解釋《大品般若經》者。龍樹菩薩造，秦羅什譯。

「行者先求自度，

修行佛道之人，名行者。〇《釋氏要覽》曰：「經中多呼修行人爲行者。」〇《觀無量壽經》曰：「讀誦大乘，勸進行者。」〇自度，爲唯度自身也。〇《智度論》六十一：「二乘福德皆爲自調、自淨、自度。持戒是自調，修禪是自淨，智慧是自度。復次，自調者，正語、正業、正命。自淨者，正念、正定。自度者，正見、正思惟、正方便。」

然後度人。若未能自度而欲度人者，如不知浮人，

蘇軾《日喻》：「南方多没人，日與水居也。七歲而能涉，十歲而能浮，十五歲而能没矣。」

欲救於溺，相與俱没。」

《解脱道論》云：

《解脱道論》，凡十二卷，優波底沙羅漢造，蕭梁之僧伽婆羅譯。有十二品，説出離解脱之要道也。作者爲巴利佛教傳燈祖之一人。此書從巴利語譯，爲佛音《浄道論》之先驅。體裁亦同。

「戒定慧，

《名義集》四：「防非止惡曰戒，息慮静緣曰定，破惡證真曰慧。」

謂解脱道。

解脱道，爲佛道之總名，出離解脱之道也。

戒者威儀義，定者不亂義，慧者知覺義；解脱者離縛義。復次，戒除惡業垢，

乖理之行曰惡，身口意所作之事曰業。〇《俱舍論光記》十三：「造作爲業，即十惡五逆所作。」〇《四十華嚴經》四十：「我昔所造諸惡業，皆由無始貪瞋痴。」〇《六波羅蜜經》五：「無始所造惡業，如大千界所有微塵。」〇《俱舍論》二一：「垢之與漏，名異體同。」〇《大乘義章》五本：「流注不絶，其猶瘡漏，故名爲漏。染污浄心，説以爲垢。能惑所緣，故稱爲惑。」

定除纏垢，

纏，煩惱之異名。煩惱能使人之心身不自在。〇《大乘義章》五本：「能纏行人，目之爲纏。又能纏心，亦名爲纏。」

慧除使垢。」

《大乘義章》六：「使者如《地論》説，隨逐繫縛義，名之爲使，蓋乃就喻以名煩惱。如世公使，隨逐罪人，得便繫縛。煩惱亦然，久隨行人，繫縛三有，不令出離，故名爲使。」〇《法界次第》上之上：「使以驅役爲義。能驅役行者心神，流轉三界。」

《孝子經》云：

《孝子經》，凡一卷，失名譯。

「佛言：子之養親，甘露百味，

《光明文句》曰：「甘露是諸天不死之藥，食者命長身安，力大體光。」

以恣其口；天樂諸音，以娱其耳；名衣上服，光耀其體；兩肩荷負，

《增一阿含經》云：「若復有人，以父著左肩上，以母著右肩上，至千萬歲，衣被飯食，床榻臥具，病瘦醫藥，即於肩上放屎尿溺，猶不能得報恩。」

周流四海。唯孝之大，莫尚於兹。世尊曰：未爲孝矣。若親頑暗不奉三尊，

佛、法、僧之三寶，名三尊。〇《四十二章經》：「三尊者，佛、法、僧也。」〇《出曜經》十五：「如契經所説，告諸比丘，今當爲汝説三第一之尊：一者佛爲第一之尊，二者法爲第一之尊，三者僧爲第一之尊。」

凶虐殘戾，濫竊非物；情染外色，僞詞非道；耽醉荒亂，違背正真。

正真，即正行真如也。即道諦之實性，爲七真如之一。

凶孽若此，子當極諫，以啟悟之，心崇正道，奉佛五戒：

五戒者，一不殺生戒，即不殺生物也；二不偷盜戒，即不與不取也；三不邪淫戒，即不犯二色者也；四不妄語戒，即不爲無實之言也；五不飲酒戒，即不飲酒也。詳下文。

仁懼不殺，清讓不盗，真潔不淫，守信不欺，孝順不醉。於是二親，處世常安，壽終生天。

《釋氏要覽》引《業報差別經》：「具修增上十善，得生欲界散地天。若修有漏十善，以定相應，生色界天。若離色修，遠離身口，以定相應，生無色界。」又引《正法念經》：「因持戒不殺不盗不淫，由此三善得生天。」

諸佛共會，得聞法言，

法言，即法音也。○《無量壽經》上：「常以法音，覺諸世間。」○《法華經・譬喻品》：「聞此法音，心懷踴躍。」

長與苦別。唯此爲孝耳。」

《傳燈録》曰：

《傳燈録》，凡三十卷，宋真宗景德元年，吴沙門道彦系釋迦以來歷代佛祖之法脈，録其法語而成。後人仿之，有種種之燈録。此書爲其嚆矢也。

「二十祖闍夜多

闍夜多，北天竺國人。

問十九祖曰：

十九祖名鳩摩羅多，婆羅門之子也。

『我父母素信三寶而常縈疾瘵，凡所營作，皆不如意。而我鄰家，久爲旃陀羅行，

玄應《音義》三：「旃陀荼羅，或云旃荼羅，此云嚴熾，謂屠殺者種類之名也。一云主殺人，獄卒也。案《西域記》云：『其人若行，則摇鈴自標，或拄破頭之竹。若不然，王即與其罪也。』」○《法顯傳》：「旃荼羅，名爲惡人，與人別居。若入城市，則擊木以自異。人則識而避之，不相搪揬。」○《玄贊》九：「旃陀羅，云屠者不律儀也。正言旃荼羅，此云嚴熾，惡業自嚴，行持標幟，摇鈴持竹爲自標故。」

而身常勇健，所作和合。彼何幸而我何辜？』尊者曰：『何足疑乎？且善惡之報，有三時焉。

三時，指過去時、現在時、未來時而言。

凡人但見仁夭暴壽、逆吉義凶，便謂無因果、

因果者，因爲能生，果爲所生，因必有果，果必有因，是爲因果之理，通三世之佛教而説善惡應報之義也。○《觀無量壽經》：「深信因果，不謗大乘。」○《止觀》五下：「招果爲因，克獲爲果。」○《十住毗婆娑論》十二：「因以得知，得者成就，果者從因有，事成名爲果。」

虚罪福。

五逆十惡等爲罪，五戒十善等爲福。罪有苦報，福有樂果。○《百論疏》上之上：「罪以摧折爲義，造不

善業，感彼三途，得於苦報，摧折行人，目之爲罪。福是富饒爲義，起於善業，招人天樂果，故稱爲福。」

殊不知影響相隨，毫釐靡忒，縱經百千萬劫，

劫者，不能以通常之年月日時分别遠大之時節之稱也。又譯爲大時。

亦不磨滅。』時闍夜多聞是語已，頓釋所疑。」

懺悔

《慈悲道場懺法》云：

《慈悲道場懺法》，爲《啟運慈悲道場》之略名。與樂爲慈，拔苦爲悲，成佛聖道處爲道場，真言行者之所住也。懺，懺悔。法，法則也。南朝齊武帝永平年間，竟陵文宣王子良蕭氏撰《浄住子》二十卷，分浄行爲三十門，未及流通。梁天監中，具德高僧，删繁撮要，采摭諸經妙語，改集十卷之悔文。因彌勒如來之感夢，題曰「慈悲道場」。由蕭梁武帝創修之故，俗稱爲「梁皇寶懺」者也。

「某等從無始生死已來，

今生有前世之因緣，前世又有前世之因緣，如是展轉推究，衆生元始不可得，故名無始。

至於今日，未能得道，

道者，能通之義。未能得道，言未能得佛道也。

受此報身。

此報身指業報之身，與法身、報身、應身之報身不同。

於四事中，

衣服、飲食、臥具、湯藥，或房舍、衣服、飲食、湯藥也。○《無量壽經》下：「常以四事供養恭敬一切諸佛。」

曾無捨離貪、瞋、嫉妒。

貪，欲物也。瞋，恚恨也。○屈原《離騷》注：「害色曰妒，害賢曰嫉。」○嫉，就男人言。妒，就女人言。

三毒熾熱，

三毒：一曰貪毒，二曰瞋毒，三曰痴毒。

起衆惡業。

惡業，身口意所作乖理之事也。○《四十華嚴經》四十：「我昔所造諸惡業，皆由無始貪、瞋、痴。」○《六波羅蜜經》五：「無始所造惡業，如大千界所有微塵。」

見人布施持戒，

布施者，慈心於物也。持戒者，持佛戒，慎身口意之惡也。

自不能行，不能隨喜；

隨喜者，見人行善事，隨同歡喜心也。○《修懺要旨》：「隨他修善，喜他得成。」

見人忍辱精進，

不起瞋心名忍。忍辱者，忍耐逆境也。○《瑜伽論》曰：「云何名忍？自無憤勃，不報他怨，故名曰忍。」○《三藏法數》：「有三種忍行：一身忍行，謂菩薩修行時，捨身命財，無有吝惜，雖被割截身體而能忍受，是名身忍行；二口忍行，謂菩薩修行時，雖被人輕嫌打罵，聞已能忍，不起鬥諍，是名口忍行；三意忍行，謂菩薩修行時，雖被人毀訾罵辱瞋恚呵責，聞已能忍，不起忿恨之心，是名意忍行。」○慈恩《上生經疏》曰：「精謂精純，無惡雜故。進謂升進，不懈怠故。」○《華嚴大疏》曰：「精進練心於法，名之爲精。精心務達，目之爲進。」

自不能行，不能隨喜；見人坐禪，修智慧業，

坐禪者，息慮凝心以究明心性之術也。○《增一阿含經》：「坐禪思惟，莫有懈怠。」○《大乘義章》九：「照見名智，解了稱慧。此二各別：知世諦者，名之爲智；照第一義者，説以爲慧。通則義齊。」○《三藏法數》曰：「如來立教，其法有三：一曰戒律，二曰禪定，三曰智慧。然非戒無以生定，非定無以生慧。三法相資，不可缺一。」

自不能行，不能隨喜。如是等罪，無量無邊。今日懺悔，願乞除滅。」

又曰：「某等自從無始已來，至於今日，無明所覆，

《本業經》上：「無明者，痴暗之心。體無慧明，故曰無明。」○胡應麟《少室山房筆叢》卷四十七：「魚朝恩於代宗前，問慧忠國師曰：『何者是無明，無明從何而起？』忠曰：『佛法衰相今現。』帝曰：『何也？』忠曰：『奴也解問佛法，豈非衰相今現？』朝恩色大怒。忠曰：『即此是無明，無明從此起。』」案：此在黑風吹船飄落鬼國之前（黑風吹船飄落鬼國，詳《觀世音經箋註》）。

愛使所纏，

《大乘義章》五末：「貪染名愛。」○《楞嚴經》四：「異見成憎，同想成愛。」○《圓覺經》：「輪迴愛爲根本。」○使者，煩惱之異名。煩惱，隨逐行人，繫縛三界，不得出離，故名爲使。又，驅役之義也。煩惱能驅役人，故名爲使。○使有十使、十六使、九十八使、百十二使、百二十八使之別。十使者，一貪欲；二瞋恚；三無明，又云愚痴；四慢；五疑；六身見，又云我見；七邊見；八邪見；九見取見；十戒取見。十六使者，大乘唯識見惑之數也。九十八使者，小乘俱舍見思二惑之總數也。百十二使者，大乘唯識見惑之總數也。百二十八使者，大乘俱舍見思二惑之總數也。○《大乘義章》五本：「能纏行人，目之爲纏。又能纏心，亦名爲纏。」

瞋恚所縛，

縛，煩惱之異名。煩惱能繫縛人不得自在，故云爲縛。○縛，有二縛、三縛、五縛之別。

墮在愚網，

墮入愚痴中，如在網羅，故曰愚網。

經歷三界，

三界者，欲界、色界、無色界也。

備涉六道，

天、人、阿修羅、畜生、餓鬼、地獄，名六道。○《癸巳類稿》：「《隋書・李士謙傳》云：『佛經言轉輪六道，無復窮已。此則賈誼所言，千變萬化，未始有極，忽然爲人之論也。至若鯀爲黄熊、杜宇爲鶗鴂、褒君爲龍、牛哀爲虎、君子爲鵠、小人爲猿、彭生爲豕、如意爲犬、黄母爲黿、宣武爲鱉、鄧艾爲牛、徐伯爲魚、鈴下爲烏、書生爲蛇、羊祜前身李氏之子。』皆非因佛説始傳，可爲前證。」

沉淪苦海

苦之際限譬海，故名苦海。○《楞嚴經》四：「引諸沉冥，出於苦海。」

不能自拔，不識往業過去因緣。

業，指身、口、意之三業。因緣者，一物之生，其親而有强力者爲因；疏而弱，添入者爲緣。例如五穀，種子爲因，雨露、農夫等爲緣。因緣和合則五穀生。○《輔行》一之三：「親生爲因，疏助爲緣。」

或自破浄命，破他浄命；

清浄之心爲生命，故云浄命。○《維摩經・菩薩品》：「正行善法，起於浄命。」《不思疏》上：「浄命者，少欲知足之行。」

自破梵行，破他梵行；

梵，清浄之義。斷淫欲法爲梵行，即梵天之行法也。○《法華經》嘉祥疏三：「梵名涅槃，即根本法輪大涅槃也。行即萬行，到大涅槃也。」

自破浄戒，破他浄戒。

浄戒，清浄之戒行也。○《法華經・序品》：「精進持浄戒，猶如護明月。」

如是罪惡，無量無邊。今日慚愧懺悔，願乞除滅。某等重復至誠，五體投地，

五體，又作五輪，頭與二手、二足也。五體投地，最上之敬禮。

求哀悔過。又復無始已來，至於今日，依身口意，行十惡業：

十惡，爲招苦果之業因，故云十惡業。十惡即下文身三、口四、意三之惡也。

身，殺、盜、淫；口，妄言、綺語、兩舌、惡罵；意，貪、瞋、痴。自行十惡，教他行十惡，讚嘆十惡法，讚嘆行十惡法者。

者字，指他人行十惡之人也。

如是一念之間起四十種惡。

自行、教他、贊嘆惡法、贊嘆惡人，起於一念，故云「一念起四十種惡」。

如是等罪，無量無邊。今日懺悔，願乞除滅。某等重復至誠，五體投地。又復無始已來，至於今日，依於六根，

六根，眼、耳、鼻、舌、身、意也。

行於六識，

六識，眼識、耳識、鼻識、舌識、身識、意識也。

取於六塵：

六塵，色塵、聲塵、香塵、味塵、觸塵、法塵也。

眼著色，

著，沾戀執滯也。

耳著聲，鼻著香，舌著味，身著細滑，意著法塵。

法塵者，一切之法爲意識之所緣也。十二處之中謂之法處，十八界之中謂之法界，根境相對之語謂之法境。○《楞嚴經》一：「縱滅一切見聞覺知，内守幽閉，猶爲分別影事。」

起種種業，乃至開八萬四千塵勞門。

八萬四千者，西天之法，以顯多物之語也。八萬四千塵勞即八萬四千煩惱之異名。

如是罪惡，無量無邊。今日懺悔，願乞除滅。某等重復至誠，五體投地。又復無始已來，至於今日，依身口意，行不平等：

不平等，平等之反。平等者無高下淺深之異也。〇《往生論注》上：「平等是諸法體相。」

但知有我身，不知有他身。但知有我苦，不知有他苦。

《佛地經》五：「逼惱身心名苦。」

但知我求安樂，不知他亦求安樂。但知我求解脱，不知他亦求解脱。

解脱者，離縛而得自在之義。解惑業之繫縛，脱三界之苦果。

但知有我家，有我眷屬；不知他亦有家，亦有眷屬。但知自身一癢一痛不可抑忍，楚撻他身，唯恐苦毒不深。但自知畏現身小苦而不知畏起諸惡業捨身應墮地獄，

《智度論》十六：「如是等種種八大地獄，復有十六小地獄爲眷屬：八寒冰、八炎火，其中罪毒不可見聞。八炎火地獄者，一名炭坑，二名沸屎，三名燒林，四名劍林，五名刀道，六名鐵刺林，七名鹹河，八名銅橛，是爲八。」

於地獄中備受衆苦。乃至不畏餓鬼道、

鬼之常受飢渴之苦者，謂之餓鬼。造餓鬼之業因者，所當行之道，謂之餓鬼道。道，道路之義也。

畜生道、

《釋氏要覽》中：「《辯意經》云：『有五事作畜生：一犯戒私竊，二負債不還，三殺生，四不喜聽受經法，五常以因緣艱難齋會。』」〇有畜生之業因者，死後所趨之道途，是爲畜生道。

阿修羅道、

《名義集》二：「阿修羅，舊翻無端正，男醜女端正，新翻非天。」〇有瞋、慢、疑之三因者，多生阿修羅道。

人道、

《業報差別經》：「由先造增上下品身語意妙行，故生人道。」〇人道亦爲六道之一。

天道，

天道亦爲六道之一，又作天趣。人道、天道，尚未脱輪迴生死，故亦是苦。

有種種苦。以不平等故，起彼我心，生怨親心，所以怨對遍於六道。

怨對者，怨家對敵也。

如是等罪，無量無邊。今日懺悔，願乞除滅。某等重復至誠，五體投地。又復無始已來，至於今日，心顛倒，想顛倒，見顛倒；離善知識，

善知識者，善友也。

近惡知識；

惡知識，惡友也。

背八正道，

八正道，又名八直道，又名八聖道。正見、正思惟、正語、正業、正命、正精進、正念、正定也。

行八邪道；

八邪道者，八正道之反。

非法説法，法説非法；不善説善，善説不善；建憍慢幢，張愚痴帆；隨無明流，入生死海。如是罪惡，無量無邊。今日懺悔，願乞除滅。」

《六祖法寶壇經》曰：

六祖名慧能，唐人，從初祖達摩起，至慧能，凡六代。故曰六祖大師。○《法寶壇經》六祖所著，門人法海等集。

「今與汝等授無相懺悔，

《維摩經》浄影疏：「諸法悉空，名爲無相。」○《大乘義章》二：「言無相者，釋有兩義：一就理彰名，理絶衆相，故名無相；二就涅槃法相釋，涅槃之法離十相，故曰無相。」

滅三世罪，

《寶積經》九十四：「三世所謂過去、未來、現在。云何過去世？若法生已滅，是名過去世。云何未來世？若法未生未起，是名未來世。云何現在世？若法生已未滅，是名現在世。」

令得三業清浄。

三業者，一身業，身之所作也；二口業，口之所説也；三意業，意之所思也。

善知識，各隨我語，一時道：弟子等從前念、今念及後念，念念不被愚迷染。從前所有惡業愚迷等罪悉皆懺悔，願一時消滅，永不復起。弟子等從前念、今念及後念，念念不被憍誑染。從前所有惡業憍誑等罪悉皆懺悔，願一時消滅，永不復起。

弟子等從前念、今念及後念，念念不被嫉妒染。從前所有惡業嫉妒等罪悉皆懺悔，願一時消滅，永不復起。善知識，已上是爲無相懺悔。云何名懺？云何名悔？懺者懺其前愆。從前所有惡業愚迷、憍誑、嫉妒等罪，悉皆盡懺，永不復起，是名爲懺。悔者悔其後過。從今已後所有惡業愚迷、憍誑、嫉妒等罪，今已覺悟，悉皆永斷，更不復作，是名爲悔。故稱懺悔。凡夫愚迷，只知懺其前愆，不知悔其後過。以不悔故，前愆不滅，後過又生。前愆既不滅，後過復又生，何名懺悔？」

倫理

《無量壽經》曰：

《無量壽經》，二卷，曹魏三藏康僧鎧譯，爲浄土三部之一，説無量壽佛之因行及果德者。

「世間人民，父子兄弟，夫婦家室，中外親屬，當相敬愛，無相憎嫉。

憎，音增。《説文》：「憎，惡也。」○《離騷》注：「害賢曰嫉。」

有無相通，

有無，指財物而言。相通，借貸也。○《晉書·庾袞傳》：「均勞逸，通有無。」○《劉伶傳》：「初不以家産有無介意。」

無得貪惜。言色相和，無相違戾。」

《忍辱經》曰：

《忍辱經》，爲《羅云忍辱經》之略名，一卷，西晉之法炬譯。

「佛言：善之極，莫大於孝。惡之極，莫大於不孝。」

《末羅王經》曰：

《末羅王經》，一卷，爲宋之沮渠京聲譯。

「從地積珍寶上至二十八天，

二十八天者，欲界之六天與色界之十八天與無色界之四天，共爲二十八天。此爲假設之辭，極言積珍寶之多也。

悉以施人，不如供養父母。」

《大集經》曰：

《大集經》，爲《合部大方等大集經》之略名，凡六十卷，隋僧就集。

「世若無佛，善事父母，即是事佛。」

《雜寶藏經》云：

《雜寶藏經》，十卷，元魏吉迦野譯。

「昔過去久遠，雪山之中

雪山爲印度北境之大山。頂上千古積雪，故名雪山。〇《涅槃經》二十七：「雪山有草，名爲忍辱。牛若食者，則出醍醐。」〇元亨《釋書學修志》：「窮餓麻麥，六載雪山。」

有一鸚鵡，

《翻譯名義集》二：「鸚鵡能作人言。」〇鸚鵡在佛經中常引及之。如鸚鵡聞法（見《金藏經》）、鸚鵡説法（見《正法念經》）、阿彌陀佛化爲鸚鵡（見《三寶感應録》）、鸚鵡救山火（見《僧伽羅刹經》）、鸚鵡諫王（見《鸚鵡諫王經》）之類。

父母都盲，

盲，《説文》：「目無牟子。」〇《淮南子·泰族訓》：「盲者目形存而無能見也。」

常取好果，

果，《説文》：「木實也。」

先奉父母。當於爾時，有一田主初種穀時而作願言：『所種之穀要與衆生而共噉食。』

噉，同啖，音淡。《説文》：「食也。」〇《後漢·安帝紀》：「更相噉食。」

時鸚鵡子，以彼田主先有施心，常取其穀，以供父母。田主行穀，見有蟲鳥揃穀穗處，

揃，音剪，猶剪也。〇《史記》：「周公自揃其爪沉之河。」〇穗，音遂，植物之花實，在莖末經聚者多稱穗。

瞋恚懊惱，便設羅網，捕得鸚鵡。鸚鵡爾時語田主言：

《禮》：「鸚鵡能言，不離飛鳥。」

『田主先有好心布施，故敢來取，如何今者而見網捕？』田主問言：『取穀爲誰？』鸚鵡答言：『有盲父母，願以奉之。』田主語言：『自今以後常於此取，勿生疑難。畜生尚爾孝養父母，豈況於人？』

《大學》：「可以人而不如鳥乎？」

佛告比丘：

比丘，凡出家爲佛弟子，受具足戒（二百五十種戒）者之總名也。○《維摩經注》曰：「比丘，秦言，或名淨乞食，或名破煩惱，或名淨持戒，或名能怖魔。天竺一名，該此四義。」

『昔鸚鵡者，今我身是。時田主者，舍利弗是。

嘉祥《法華義疏》一：「舍利弗從母立名。母以眼似舍利鳥眼，故名母爲舍利。其母於衆女人中，聰明第一。以世人貴重其母，故呼爲舍利子。古經名鶖鷺子，鶖鷺子猶取鳥名也，或言舍利鳥似鶖鷺也。父名提舍，逐父爲名，故名優婆提舍。優婆者，逐也；提舍者，星名也。」

盲父母者，今我父母淨飯王、摩耶夫人是。

淨飯王，爲迦毗羅衛國之國王，釋迦牟尼佛之父王也。○摩耶夫人，爲天臂城之釋種善覺長者之長女，淨飯王之夫人也。生悉多太子七日後而没，生忉利天。

由昔孝養，今得成佛。』」

《本事經》曰：

《本事經》，七卷，唐玄奘譯。

「假令有人，一肩荷父，一肩擔母，盡其壽量而不暫捨，供給衣食醫藥種種所需，猶未足報父母深恩。」

《心地觀經·報恩品》曰：

《心地觀經》，爲《大乘本生心地觀經》之略名，凡八卷，唐之般若等譯。

「母有十德：一名大地，

見道已上之菩薩，分爲十地。最高之位，曰大地。

於母胎中，爲所依故；二名能生，經歷衆苦，而能生故；三名能正，恒以母手，理五根故；

眼、耳、鼻、舌、身爲五根。

四名養育，隨四時宜，能長養故；五名智者，能以方便，生智慧故；六名莊嚴，以妙瓔珞，

瓔珞，連寶玉爲身之飾也。

而嚴飾故；

嚴飾，即莊嚴也。○《法華經·序品》：「嚴飾國界。」

七名安隱，

同安穩。

以母懷抱，爲止息故；八名教授，以善巧方便，教導子故；九名教誡，以善言辭，離衆惡故；十名與業，能以家業，付囑子故。善男子，是故汝等勤加修習，報父母恩。」

《六方禮經》曰：

《六方禮經》，即《佛説尸迦羅越六方禮經》之略名，後漢安息國三藏安世高譯。

「父母視子，有五事：一使去惡就善，二教以書疏，三使持經戒，四爲娶婦，五給與家中所有。」

又曰：「子事父母，當有五事：一當念治生；二早起令奴婢時作飯食；三勿增父母憂；四當念父母恩；五父母有病，恐懼求醫治之。」

《長阿含經》曰：

《長阿含經》，爲四阿含經之一。共二十二卷，姚秦之佛陀耶舍、竺佛念同譯。

「人子當以五事敬父母。云何爲五？一者供奉無乏；二者凡所爲，先白父母；三者父母所爲，恭順無逆；四者父母正令，

正令，正當之命令也。

不敢違背；五者不斷父母所作正業。」

正當之事業，謂正業。

《普曜經》曰：

《普曜經》，八卷，西晉之竺法護譯。

「爾時世尊，

世尊，爲佛十號之一。

告優陀夷：

《法華經義疏》九：「優陀夷，亦作鄔陀夷。此云出也。」〇《唯識述記》七本：「鄔陀夷此名出現。日出時生，故以名也。」

『佛本出家，爲父王誓，若佛得道，還度父母。今已得佛道，德已成立，必當還國，不違本誓。』」

《浄飯王般涅槃經》曰：

《浄飯王般涅槃經》，一卷，劉宋之沮渠京聲譯。

「爾時浄飯王命盡氣絶，諸釋斂王於棺，置師子座。

《智度論》七：「是號名師子，非實師子也。佛爲人中師子，佛所座處，或床或地，皆名師子座。如今者國王坐處，亦名師子座。」〇此師子座指國王座處言。

佛與難陀，

難陀爲唯識十大論師之一。〇《唯識述記》一本：「梵云難陀，唐言歡喜。勝軍祖習。」

肅立喪前。阿難陀與羅云，

羅云，即羅睺，又譯羅睺羅。佛之嫡子，浄飯王之孫也。在胎六年，生於佛成道之夜。年十五歲出家，與舍利弗同爲沙彌，遂成阿羅漢果。爲十大弟子中密行第一。

居於喪足。阿難長跪白佛言：

阿難爲斛飯王之子，提婆達多之弟，佛之從弟也。生於佛成道之夜。佛壽五十五歲時，阿難年二十五歲。出家侍佛二十五年，受持一切之佛法。

『唯願聽我擔伯父之棺。』羅云復言：『唯願聽我擔祖王之棺。』世尊慰言：『當來世人，

來世，爲未來世也。

皆爲凶暴，不報父母養育之恩。爲不孝衆生，設其化法，

化導之法門，謂之化法。

如來躬擔父王之棺。』於是世尊，躬自手執香爐前立，行詣墓所。」

《六方禮經》曰：「婦事夫有五事：一者夫從外來，當起迎之；二者夫出不在，當炊蒸掃除待之；三者不得有淫心於外夫，

不貞之女於本夫之外，别有所私者，曰外夫。

雖被罵詈，亦不作色還罵；四者當用夫教誡，所有什物，不得藏匿；五者待夫休息，蓋藏乃臥。」

又曰：「夫視婦亦有五事：一者出入當敬婦；二者飯食之，以時節與之衣被；三者當給與金銀珠璣；

蚌殼内所生之物。其始因有砂粒等物竄入，蚌體受其刺激，常以膜緣摩擦，消除其圭角。其所分泌之真珠質，即附加於物體之面，久之圭角消平，物體漸大，光潤滑澤，遂成真珠。○真珠之不圓者曰璣。

四者家中所有多少，悉用付之；五者於外不得畜邪傅御。」

傅御，即妾御也。○《禮記》：「妻不在，妾御莫敢當夕。」

《善生子經》曰：

《善生子經》，爲西晉之支法度譯。

「夫當以五事，安養其婦。五事者，正心敬之，無有恨意，無有他情，時與衣食，時給寶飾。」

又曰：「善作、善成、取與必審、晨起、夜息、事事必習、待其君子、問訊君子、辭氣和、語言順、正几席、潔飲食、勤念布施、供養丈夫，此婦之十四事也。夫婦睦宜，善法不衰。」

《玉耶經》曰：

《玉耶經》，一卷，東晉之曇無蘭譯。與《玉耶女經》同本異譯。

「佛告玉耶女：

玉耶女，爲給孤獨長者之兒婦之名。

『女人之法，無倚端正，而生憍慢。形貌端正，非真端正。唯心端正，人皆愛敬，是實端正。爲女人者，一應晚眠早起，修治家事，有美膳，先進姑嫜夫主；

嫜音章，夫之父母也。舅姑曰姑嫜。○杜甫詩：「何以拜姑嫜？」

二看護家物；三慎口忍耐而少瞋恚；四常戒慎如恐不及；五應一心恭敬姑嫜夫主，以盡孝道。又有五種婦法：一如母之婦，愛夫如子故；二如臣之婦，事夫如君故；三如妹之婦，事夫如兄故；四如婢之婦，事夫如主故；五如夫之婦，親昵同心，唯形異故。情無憍慢，善事内外，家室豐盈，善待賓客，善名稱揚。次有三惡法：一未暝已眠，

暝音冥，夜也。

日出不起，瞋對夫主，反目嫌罵；二好自飲啖，乃以惡食與姑嫜夫主，好色欺詐；三不念生活，好事嬉遊，道及他人長短好醜，鬥亂口舌，憎嫉親族，爲人所賤。』玉耶女既受佛教，心自慚愧，曰：『吾向愚痴，不知正法，

真正之道法，曰正法。〇《無量壽經》上：「弘宣正法。」

所爲皆邪，乞許受教。』即奉佛受三歸五戒。」

三歸者，歸依於三寶也。佛、法、僧謂之三寶。〇五戒者，一爲不殺生戒，二爲不偷盜戒，三爲不邪淫戒，四爲不妄語戒，五爲不飲酒戒。

《阿那邠邸化七子經》曰：

《阿那邠邸化七子經》，統名《阿那邠坻經》，一卷，後漢安世高譯。

「阿那邠邸長者爲兒娶婦，

阿那邠邸，又作阿那邠柢，爲舍衛國給孤獨長者之名。長者有七子，不信佛法。阿那邠柢悲之，各與金千兩，詣佛處，蒙佛教歸正法。

顔貌端正，色若桃華。婦爲波斯匿王大臣之女，

《仁王經》上：「舍衛國主波斯匿王，名曰月光。」○《西域記》六：「如來在世之時，鉢羅犀那恃多王，唐言勝軍，舊曰波斯匿，訛略也。」

以恃父故，不恭敬姑嫜夫婿，亦不事三寶。長者乃詣佛所，請佛垂教。

垂，上對下之詞也。

翌旦，佛到長者之家，告新婦言：『爲人婦者有四事：一似母之婦，二似親之婦，三似敵之婦，四似婢之婦。似母之婦者，承事夫主，供養無乏；似親之婦者，

按此「親」字，非二親之親，蓋親族相親愛之意。

見夫主無增減心，苦樂與共；似敵之婦者，見夫則懷瞋恚，憎嫉夫主而不承事；似婢之婦者，賢良之婦，見夫主，忍言語，終不還報，恒有慈心。事夫善者，死生天上；

欲界之六欲天及色界、無色界之諸天，曰天上。

惡者，死入地獄。』

地獄，詳前注。

善生女聞之大慚，曰：『世尊，妾今願爲似婢之婦。遂歸依三寶爲優婆夷。』」

女子之受五戒者，曰優婆夷。詳前注。

《妙法蓮華經·安樂行品》曰：

《妙法蓮華經》，七卷，姚秦鳩摩羅什譯。

「佛告文殊師利：

文殊師利，一作文殊。○《放鉢經》：「今我得佛，皆是文殊師利之恩也。過去無央數諸佛，皆是文殊師利弟子。當來者亦是其威神力所致。譬如世間小兒有父母，文殊者，佛道中之父母也。」

『若於後惡世，

惡事盛之世，曰惡世。○《阿彌陀經》：「娑婆國土，五濁惡世。」○《盛衰記》：「惡世無佛之境。」

説是《法華經》，不近比丘尼，

比丘尼者，女子之出家受具足戒之通稱也。

優婆夷亦不問訊。若於房中，若經行處，若在講堂中，不共住止。

或時來者，隨宜説法，

避男女之嫌疑。

《法華經》：「衆聖之王，説法教化。」○《法華玄義》六：「諸法不可示，言辭相寂滅。有因緣故，亦可説。」

無所悕求。又不應於女人身，取能生欲想相

欲想爲三惡相之一，思財想色之思想也。〇《無量壽經》上：「不起欲想、瞋想、害想。」

嚴男女之防閑也。

而爲説法，亦不樂見。若入他家，不與小女、處女、寡女等共語，

亦復不近五種不男之人

五種不男之人者，即未成完全男性之五種人也。一曰生不男，即生來男根不發育者；二曰犍不男，以刀割去男根如閹豎者；（玄應《音義》十四：「犍又作揵、劇二形，同居言切。《字書》：『犍，害也。』《通俗文》：『以刀去陰曰犍。』」）三曰妒不男，因見他人之淫，始有妒心而根勃發也；四曰變不男，根能變現，如遇男則起女根，遇女則起男根也；五曰半不男，半月爲男根之用，半月則否也。〇《法華玄贊》九：「五種不男者，謂生便、除去、嫉妒、半月、灌灑。」

以爲親厚。不獨入他家，若有因緣

《維摩經·佛國品》注：「什曰：『力强爲因，力弱爲緣。』肇曰：『前後相生，因也。現相助成，緣也。諸法要因緣相假，然後成立。』」〇《止觀》五下：「招果爲因，緣名緣由。」〇例如種子，因也。雨露、農夫等，緣也。因緣和合而生米。

須獨入時，但一心念佛。

《探玄記》三：「一心者，心無異念故。」《止觀》四下：「一心者，修此法時，一心專志，更不餘緣。」

若爲女人説法，不露齒笑，不現胸臆。乃至爲法猶不親厚，況復餘事。』」

《阿難問事佛吉凶經》曰：

《阿難問事佛吉凶經》，又作《阿難問事經》，一卷，後漢安世高譯。

「阿難白佛言：『世間之人及佛弟子，輕易其師，常以惡意向於其師及諸賢德之人，其罪云何？』佛告阿難：『夫人當愛人之德，欣人之善，不可憎嫉。

《説苑·説叢》：「好稱人惡，人亦道其惡。好憎人善，亦爲人所憎。」

若以惡意向於其師及諸賢德，是與惡意向佛無異。若有人以萬石弩自射其身，

弩，弓之有臂者，亦謂之窩弓。設爲機巧，鉤弦發矢，力强可以及遠。相傳爲黄帝所作。其式至多。大者或以脚踏，或以腰開，有數矢並發者。無火器以前，恃爲利器。宋時有神臂弓、克敵弓等，皆弩也。

可爲痛不？』阿難言：『世尊，甚痛甚痛。』佛言：『人若以惡意向於其師及諸賢德，

《荀子·非相》：「人有三不祥。幼而不肯事長，賤而不肯事貴，不肖而不肯事賢，是人之三不祥也。」

則如以痛劇之弩射其自身。爲人弟子，不可輕易其師及以惡意向諸賢德；視諸道德之人當如視佛，不可嫉謗。人有戒德者，諸天龍鬼神無不感動，

天龍，見前注。○《長阿含經》二十：「一切樹木極小如車軸者，皆有鬼神依止，無有空者。一切男子女人，初始生時，皆有神鬼，隨逐擁護。若其死時，彼守護鬼，攝其精氣，其人則死。」

受其尊敬。寧投身火中，手持利刃，自割其肉。慎勿於此善人而生嫉謗，其罪不小，慎之慎之。』」

《長阿含經》曰：「師長以五事視弟子：一順法調御；

一切衆生，譬狂象惡馬。佛譬象馬師，故名調御。○《智度論》二：「佛法爲車弟子馬，實法寶主佛調御。若馬出道失正轍，如是當治令調伏。」

二誨其未聞；三隨其所聞，使解善義；四示其善友；五盡己所知，誨授不吝。」

又曰：「弟子敬奉師長有五事。云何爲五？一供給所需；二禮敬供養；三尊重戴仰；四凡師教敕，恭順無違；五從師聞法，善持不忘。」

《六方禮經》曰：「弟子事師當有五事：一當敬憚之，二當念其恩，三隨其所教，四思念不厭，五當從後稱譽。」

《佛本行經》曰：

《佛本行經》，一名《佛本行贊傳》，凡七卷，西土賢聖撰集，劉宋寶雲譯。贊偈佛一代之行狀偈文也。

「若人親近惡知識，現世不得好名聞。必與惡友相親近，當來亦墮阿鼻地獄。

《法華經・序品》：「下至阿鼻地獄。」○《涅槃經》十九：「阿者言無，鼻者名間。間無暫樂，故名無間。」○阿鼻爲受苦無間斷義。爲八大地獄之一。最苦處，極惡之人墮入也。

若人親近善知識，隨順彼等所業行爲，

信他之教，從他之意，曰隨順。〇《法華文句》二：「供養諸佛者，只是隨順佛語。」

目前雖無現世利益，未來苦因

苦因者，苦之業因也。〇《法華經・譬喻品》：「深著苦因，不能暫捨。」〇《成實論》六：「衣食等物，皆是苦因。」

當可斷盡。」

《有部根本毗奈耶》曰：

《有部根本毗奈耶》，五十卷，唐義淨譯。

「弟子有五事，方可教訶。

教訶者，以大言怒責而爲教也。

一不信，二懈怠，三惡口，四情無羞恥，五近惡知識。但五法之中有一，皆應教訶。比丘問言：『如何教訶？』佛言：『有五法：一不與共語，二不與教授，三不同受用，四不與以善事，五不同室。以此五法，隨宜教訶。』」

《阿難問事佛吉凶經》曰：「阿難問佛：『師訶弟子，得無以小罪成大罪耶？』佛言：

『不可不可。師弟之道，以道相感，自然常相信厚。視彼如己，己所不行，勿責於人。

《論語》：「己所不欲，弗施於人。」

弘崇禮律，

禮，禮節也。律，戒律也。

訓之以道，和順忠節，不相怨訟。弟子與師，兩俱真誠。師當如師，弟子當如弟子。』」

《佛本行經》曰：「世尊與長老難陀，共入迦毗羅婆蘇都。

迦毗羅婆蘇都，又名迦毗羅。○《本行集經》二十四：「迦毗羅婆蘇都，隋言黄頭居處。」○慧苑《音義》下：「迦毗羅城，具云迦比羅皤窣都。言迦比羅者，此云黄色也。皤窣都者，所依處也。謂上古有黄頭仙人，依此處修道，故因名也。」

至一賣魚店，告難陀言：『汝入此魚店，取彼腐魚上所鋪茅草一把來。』難陀如教取來。佛言：『汝以手把持稍頃，乃放於地。』難陀即持彼草，經一時間而放地上。爾時佛告難陀：『嗅汝之手，當有何氣？』難陀答言：『唯有不浄腥臭耳。』佛言：『實然。若人親近諸惡知識，與爲朋友，相交少時，即習染惡業，

《四十華嚴經》四十：「我昔所造諸惡業，皆由無始貪瞋痴。」○《六波羅蜜經》五：「無始所造惡業，如大千界所有微塵。」

惡名遠聞。』」

又曰：「世尊又與長老難陀，共至香店，告言：『汝取此店香囊。』

《禮·內則》注：「容臭，香物也。助其形容之飾以纓繫之。」○案：此即後世香囊所祖。○繁欽詩：「香囊繫肘後。」

難陀如教，從店上取香囊。佛言：『汝經一漏刻間，

漏，計時之器。名爲漏壺。其製不一。其器有播水壺三，形方：上曰日天壺，次夜天壺，又次平水壺。下有分水壺一，形方；受水壺一，形圓。播水三壺以次漏於受水壺。受水壺上爲銅人，抱漏箭，下安箭舟。水長舟浮則箭上出，水盈箭盡則泄之於池。

手持其香而後放下。』難陀如命，經一刻間，乃放地上。爾時佛告難陀：『汝今自嗅其手，當有何香？』難陀白佛言：『世尊，其手香氣，微妙難量。』佛言：『實然。若人親近諸善知識，常自隨順習染其德，必成大名。』」

《禮·曾子疾病》：「與君子遊，苾乎如入芝蘭之室，久而不聞，則與之化矣。與小人遊，貣乎如入鮑魚之肆，久而不聞，則與之化矣。」

《六方禮經》曰：「佛言：『惡知識有四輩：一内有怨心，外强爲知識；二面前爲好語，背後爲惡言；三苟有緩急，面前愁苦，背後歡喜；四外若親厚，内興怨謀。善知識亦有四輩：一外如怨家，内有厚意；二於人前直諫，於外道人善；三病瘐縣官，

《前漢·宣帝紀》：「瘐死獄中。」○注：「蘇林曰：病也。囚徒病，律名爲瘐。」

爲其征訟憂解之；四見人貧賤，不棄捐，

捐，棄也。○《漢書》：「侯自我得之，自我捐之。」

念求方便，欲富之。惡知識復有四輩：一者，難曉諫，教之作善，故與惡者相隨；二者，教之莫與喜酒人爲伴，故與嗜酒人相隨；三者，教之自守，益更多事；四者，教之與賢者爲友，故與博弈子爲厚。

博弈，謂六博與圍棋也。○《論語》：「不有博弈者乎？」疏：「博，《説文》作簙。局戲也。」

善知識復有四輩：一者，見人貧窮悴乏，令治生；

治生，謂自營生計也。○許魯齋言：「爲學以治生爲本。」

二者，不與人諍計校；

此即無諍也。安住於空理，而與物無諍。○《涅槃經》云：「須菩提住虚空地，若有衆生嫌我立者，我當終日端坐不起；嫌我坐者，我當終日立不移處。一念不生，諸法無諍。」

三者，日往消息之；

猶言奉候興居也。

四者，坐起常相念。善知識復有四輩：一者，爲吏所捕，將歸藏匿之，於後解決之；二者，有病瘦將歸養視之；三者，知識死亡，棺斂視之；四者，知識已死，復念其家。惡知識復有四輩：一者，小侵之便大怒；二、有急倩使之，不肯行；

倩，雇代也。○《魏書》：「汝倩人耶？」

三者，見人有急時，避人走；四者，見人死亡，棄不視。』佛言：『擇其善者從之，惡者遠離之。我與善知識相隨，自致成佛。』」

《四分律》曰：

《四分律》，爲四律之一。凡六十卷，姚秦之佛陀耶舍、竺佛念同譯。

「友要具七法，方成親友：一能作所難作，二與所難與，三忍所難忍，四密事相告，五互相覆藏，

《國策・燕王書》曰：「掩人之邪者，厚人之行也。救人之過者，仁者之道也。」

六遭苦不捨，七貧賤不輕。」

《說苑・說叢》：「一貧一富，乃知交態。一貴一賤，交情乃見。」

《因果經》曰：

《因果經》，一卷，爲《過去現在因果經》之略稱，羅什譯。

「朋友有三要法：一見失輒相曉諫，二見好事深生隨喜，三在苦厄不相棄捨。」

《六方禮經》曰：「人見親屬朋友，當有五事：一見作罪惡，私往屏處諫曉呵止之；二少有急，

言稍有急難也。

當奔趣救護之；三有私語，不當爲他人説；四當相敬禮；五所有好物，當多分與之。」

《孛經》曰：

《孛經》即《孛經鈔》，吳之支謙譯。

「友有四品，不可不知。有如花之友，有如稱之友，有如山之友，有如地之友。

稱知輕重也，故計輕重曰稱。

何謂如花？好時插頭，萎則捐棄；富貴則附，貧賤則棄，是爲花友。何謂如稱？物重則低，物輕則慢，是爲稱友。何謂如山？譬鳥獸

集金山上，羽毛蒙光，己貴則能榮人，富貴同歡，是爲山友。何謂如地？百穀財寶，一切與共，施給養護，恩厚不薄，是爲地友。」

《長阿含經》曰：「善生，

善生，爲王舍城長者之子，又名尸加羅越，佛謂之説六方禮法者。

主於僮使，當以五事愍念。云何爲五？一者隨能使役，

擇其所善長者而使役之。

二者飲食隨時，

飲食宜依時刻，不可使之忍飢作事。

三者賜勞隨時，四者病與醫藥，五者縱其休暇。」

又曰：「僮使復以五事奉事其主。云何爲五？一者早起，二者爲事周密，三者不與不取，

非主所與之物，決不盜取。

四者作務以次，五者稱揚主名。」

五蘊

《大般若經》曰：「五蘊者，

五蘊，舊譯作五陰。蘊，積集之義。五蘊者，一曰色蘊，二曰受蘊，三曰想蘊，四曰行蘊，五曰識蘊。即下文色相、受相等。

色相

色身之相貌現於外，可以外見，故云色相。

譬如聚沫，性不堅固，瞬息歸空。

色蘊等從妄而生，還從妄滅。則其生相，全是滅相。既是滅相，何異空相？

色生滅者，

真空無生；不同色等，緣合初際，幻現有生。真空無滅；不同色等，緣離後際，變壞有滅。既有生滅，即爲幻有。

生無所來，滅無所去，雖無來去而生滅相應。

有生則有滅，故云相應。

無染無淨，

無染者，隨染緣結業而有六道輪迴，真如從不受染。無淨者，隨淨緣而斷無明，成涅槃淨德，真如亦不受淨。

無增無減，

無增無減者，自凡夫以至佛果，雖三智同圓，萬德具足，亦體所本具，不能增真如分毫；縱在六凡，淪没四生，亦不能減真如少許也。

即真如無二。

真者，真實之義。如者，如常之義。常住而不變不改，故云真如。〇《唯識論》二：「真謂真實，顯非虚妄。如謂如常，表無變易。謂此真實，於一切法常如其性，故曰真如。」真如，或云自性清净心，或云佛性，或云法身，或云如來藏，或云實相，或云法界，或云法性，或云圓成實性，同體而異名也。〇《往生論注》下：「真如是諸法正體。」〇《教行信證・證卷》：「無爲法身，即是實相。實相即是法性，法性即是真如，真如即是一如。」〇《雜阿含經》二十一：「以一乘道净衆生，離憂悲，得真如法。」

受相

受藴者，以内外言之，有心受、身受之别；以順逆言之，則順爲樂受，逆爲苦受。

如浮泡，起滅速如箭。想相

想藴者，對事物有種種之想像也。《俱舍論》曰：「想藴謂能取像爲體，即能執取青黄、長短、男女、怨親、苦樂等相。」

如陽焰，水不可得，

陽焰又名渴鹿，又名飏焰。原野中日光所照之塵也。〇《維摩經・方便品》：「是身如焰，從渴愛生。」〇四卷《楞伽經》二：「譬如群鹿，爲渴所逼，見春時焰，而作水想，迷亂馳赴，不知非水。」

渴愛因緣，

凡夫之愛著五欲，如渴之愛水，故云渴愛。〇《行事鈔》下之二：「渴愛難滿，如海吞流。」〇《維摩經·佛國品》肇注曰：「前後相生，因也。現相助成，緣也。諸法要因緣相假，然後成立。」

妄起此想。行相

造作有爲法之因緣而遷流於三世者名曰行。於行之中除色、受、想、識四蘊，其餘之有爲法，名曰行蘊。《俱舍論》曰：「四餘爲行蘊。」《頌疏》曰：「四者謂色、受、想、識，除四蘊外，諸餘心所有四十四及十四不相應。此五十八法，是四蘊餘，總名行蘊。」

如芭蕉柱，葉葉析除，實不可得。識相

八識所生種種之區別心，集於一處，名曰識蘊。八識者，眼識、耳識、鼻識、舌識、身識、意識、末那識、第八識也。末那者，意也；意，思量之義，自無始以來無間斷者。第八識即阿賴耶識也。凡爲世間萬物之本之種子，皆藏於此識之中，故又謂之藏識。或謂此乃有情根本之心識。凡人執持受用之一切事物而不没失是也，故又譯作無没。

如諸幻事，

《演密鈔》四：「幻者化也，無而忽有之謂也。先無形質，假因緣有，名爲幻化。」又云：「以不實事惑人眼目，故曰幻也。」

衆緣和有。假使設有，實不可得。以上生滅等法，同色相彷佛之義，

以上生滅等法，指受相、想相、行相、識相之生滅相應言。此四相，於真如亦無染無淨，無增無減。

自性本空。本性空中，

本性，本來固有之德性也。○《圓覺經》：「若此覺心本性清淨，因何染污？」

能得所得，

二法對待時，能動之法謂之能，不動之法謂之所。○《金剛經新注》一：「般若妙理，無能所，絶對待。」

得處得時，

所得之處，所得之時。

一切非有。當知是名實際，

實際，爲十二真如之第十。是諸法性真實之際極也。

是名真空勝義。

《行宗記》一上：「非有之有，謂之妙有。非空之空，謂之真空。是大乘至極之真空也。」○勝義者，勝於世間世俗深妙之義理也。

離本性空，無別方便。十方諸佛，無不皆依本性空而出世間。

出世間，對世間之稱。世間，一切生死之法。出世間，涅槃之法。

故以本性空理，方便善巧，

方，方法。便，便用。大小乘一切之佛教，概稱爲方便。契一切衆生之機，便用之方法也。○《法華玄贊》三：「施爲可則曰方，善逗機宜曰便。」○《佛地論》七：「稱順機宜，故名善巧。」

假設一切法門，教化有情，令離執著，

執著，固著事物而不離也。○《行事鈔》下四：「大德順佛聖教，依教而修，内破我倒，外遣執著。」

趣入空如性中。

空如，空真如也。真如究竟而離染法，猶如明鏡，謂之空真如。

離本性空，無有一法，是實是常，可壞可斷。本性空中，亦無有一法，是實是常，可壞可斷。但愚夫迷謬，顛倒異想，謂分别色，

舉色以推其餘。

乃至諸佛菩提，異本性空。

乃至越過中間之言。愚夫分别色、聲、香、味、觸、法、眼、耳、鼻、舌、身、意、眼識、耳識、鼻識、舌識、身識、意識，以至諸佛菩提，以爲與本性空相異也。

故有執相執名，我由此妄計，執我、我所。

我，謂自身。我所，身外之事物。○《智度論》三十一：「我是一切諸煩惱根本。先著五衆爲我，然後執著外物爲我所（五衆，五蘊也）。」○《圓覺經鈔》九：「我謂正報，我所謂依報。」

由妄計故，著内外物，受後身色、受、想、行、識。

後身，死後更投胎所得之身也。色、受、想、行、識五蘊，即愚夫迷謬，顛倒異想，分别執爲我者。

由此不能解脱諸趣，

諸趣，人、天等五趣、六趣也。五惡趣：一地獄，二餓鬼，三畜生，四人，五天。六趣：一地獄，二餓鬼，三畜生，四阿修羅，五人，六天。

生老病死，愁憂苦惱，往來三有，

三界之生死也。三界者，欲界、色界、無色界。生死於三界中，爲三界所有，故曰三有。

輪轉無窮。」

衆生無始以來，六道之生死旋轉，如車輪之轉而無窮。○《觀佛三昧經》六：「三界衆生輪迴六趣，如旋火輪。」○《身觀經》：「循環三界内，猶如汲井輪。」

四諦

《釋迦譜》曰：

《釋迦譜》，凡五卷，梁之僧祐撰，從三藏中撰集釋迦一代之教化及履歷也。

「『憍陳如，

憍陳如，即阿若憍陳如。阿若名也，憍陳如姓也。阿若爲阿若多之略，譯爲已知。○《飾終記》曰：「以憍陳如先見法故，因斯號彼爲阿若多。」

汝等當觀五盛陰苦，

五盛陰苦爲八苦之一，人之一身由色、受等之五陰而成。其五陰之勢用熾盛，謂之盛陰。受盛陰一切之苦，謂之五陰盛苦，即心身之總苦也。又名五陰盛。五盛陰苦即五蘊也。

生苦、老苦、病苦、死苦、愛别離苦、怨憎會苦、所求不得苦、失榮樂苦。憍陳如，有形、無形、無足、一足、二足、四足、多足，一切衆生，無不悉有如此苦者。譬如以灰，覆於火上，若遇乾草，還復燒然。如是諸苦，由我爲本。若有衆生起微我想，還復更受如此之苦。貪欲、瞋恚以及愚痴，皆悉緣我根本而生。又此三毒，是諸苦因。猶如種子，能生於芽。衆生以是，輪迴三有。

三有，即三界之異名也。一欲有，欲界之生死也。二色有，色界之生死也。三無色有，無色界之生死也。○新譯《仁王經》中：「三有業果，一切皆空。」○《智度論》一：「三有愛著心。」

若滅我想及貪、瞋、痴，諸苦亦皆從此而斷，莫不悉由彼入正道。

正道者，正真之師道也。一稱三乘所行之道。○《無量壽經》下：「唯樂正道，無餘欣戚。」

如人以水，澆於盛火。一切衆生不知諸苦之根本者，皆悉輪迴，在於生死。憍陳如，苦應知，集當斷，滅應證，道當修。憍陳如，我已知苦，已斷集，已證滅，已修道，故得阿耨多羅三藐三菩提。是故汝今應當知苦、斷集、證滅、修道。若人不知四聖諦者，

四聖諦即四諦。苦、集、滅、道，謂之四諦。苦諦者，輪迴於三界六趣之苦報，是迷之果也。集諦者，貪瞋等之煩惱及苦惡之諸業也，因其能集起三界六趣之苦報，故名曰集諦。是迷之因也。滅諦者，涅槃也，涅槃滅惑業，離生死之苦，爲真空寂滅，故名曰滅。是悟之果也。道諦者，八正道也，是能通涅槃，故名曰道。是悟之因也。苦、集爲流轉之因果，又謂之世間因果；滅、道爲還滅之因果，又謂之出世間因果。○《涅槃經》曰：「苦、集、滅、道，是名四聖諦。」又曰：「我昔與汝等，不見四真諦。是故久流轉，生死大苦海。若能見四諦，則得斷生死，令一切皆空。」

當知是人不得解脱。四聖諦者，是真是實。苦實是苦，集實是集，滅實是滅，道實是道。憍陳如，汝等解未？』憍陳如言：『解已，世尊。知已，世尊。』以於四諦得解知故，故名阿若憍陳如。」

十惡十善

《四十二章經》云：

《四十二章經》爲佛法流入中國之第一部經。○後漢迦葉摩騰、竺法蘭同譯。

「佛言：衆生以十事爲善，亦以十事爲惡。何等爲十？身三、口四、意三。身三者，殺、

斷其生命爲殺。

盜、

不與而取爲盜。

淫；

淫，色欲也。

口四者，兩舌、

離間兩人之語也。

惡口、

罵詈惱人之言也。

妄言、

虚誑之語也。

綺語；

雜穢不正之語。

意三者，嫉、

妒忌他人之盛事。

恚、

瞋恚忿怒也。

痴。

心性暗昧，迷於理也。

如是十事，不順聖道，名十惡行。是惡若止，名十善行耳。」

《慈悲道場懺法》云：「有身則苦生，無身則苦滅。而此身者，衆苦之本。三途劇報，地獄、餓鬼、畜生謂之三途。

皆由身得。未見他作我受，我作他受。

未見他人作業，我受劇報；我作業，人受劇報。

自作其因，自受其果。若一業成，罪無邊際，何況終身？所起惡業，從貪瞋痴，造十惡行。或爲財業，更相殺害；或殺衆生，啖食其肉；或決湖池，惱害水性；

惱害水族之性。

或燒山野，設網張羅；或欺斗稱；或破城邑；或盜他財；或著色欲。惑亂身心，隨其流轉，不得自在。

「隨其流轉」之「其」字，指身業言。○以上身業。

復次，三業之中，口業實重。或以妄言，見言不見，不聞言聞，作言不作，自利傷他；或以綺語，諂曲華詞，浮虛假飾，鬥合是非；或以惡口，出言粗獷，發語無稽，惱亂父母及諸衆生；或以兩舌，向彼説此，向此説彼，讒亂君臣，紛擾一切。

以上口業。

復次，當知滅身事由心造，身口業粗易遣，意地微細難除。如來大聖，一切智人，於其意地，始得不護，況乎愚凡而不守慎，防意如城，豈得不護？或因貪業，自物他物，起貪作業；或因瞋業，小不適意，便生大怒；或因痴業，隨逐無明，

《大乘義章》二：「於法不了爲無明。」〇《瓔珞本業經》上：「無明名不了一切法，迷法界而起三界業果，是故我言從無明藏起十三煩惱。」

無惡不造；或因邪見，不信三寶，

三寶者，即佛寶、法寶、僧寶也。

行於邪法。

以上意業。

如是等罪，無量無邊。身壞命終，墮三惡道。」

《楞伽經》云：

《楞伽經》有四譯本，今存者三：一、宋之求那跋陀羅譯，名《楞伽阿跋多羅寶經》，四卷，故有「四卷楞伽」之名；二、元魏菩提流支譯，名《入楞伽經》，十卷，故有「十卷楞伽」之名；三、唐實叉難陀譯，名《大乘入楞伽經》，七卷，故有「七卷楞伽」之名。

「大慧菩薩

名摩訶摩底，《楞伽經》之會座一會之上首也。

問佛食肉之過。佛言：『食肉之人，斷大慈種。我觀衆生，輪迴六道，

天、人、阿修羅、地獄、餓鬼、畜生，爲六道。

迭爲父母，六親眷屬。

六親，父、母、兄、弟、妻、子也。

更相啖肉，無非親者。常生害心，增長苦業，流轉生死，不得出離。不食肉者，即是無量功德之聚。若一切人不食肉者，亦無有人殺害衆生。由人食肉，

「由人食肉」句，束上文，開下文，言所以殺害衆生者，因人欲食肉耳。

若無可食，處處求買。

言無肉可食，則求買於各處。○以上就食肉者言。

爲財利者，爲買者殺。

言殺衆生而賣肉者，爲欲求財，故爲買肉者殺衆生也。

是故買者，與殺無異。』」

《涅槃經》云：

《涅槃經》，北涼曇無讖譯。

「殺罪有三，謂下、中、上。下者，蟻子乃至一切畜生，是名下殺，墮於地獄、餓鬼、畜生，具受下苦。何以故？是諸畜生，有微善根，是故殺者，具受罪報。中殺者，從凡夫至阿那含，

阿那含，又名不還、不來，斷盡欲界煩惱之聖者也。小乘四果，曰須陀洹、斯陀含、阿那含、阿羅漢。此第

三果也。

是名爲中，墮三惡道，具受中苦。上殺者，父母乃至阿羅漢、辟支佛，

阿羅漢，又名殺賊，一切思惑斷盡，聲聞乘之極果也。因其能斷見思惑盡，故名殺賊。辟支佛，舊譯緣覺，新譯獨覺。

是名爲上，墮於阿鼻大地獄中，

阿鼻大地獄，地下最底之地獄。餘之大地獄，重疊其上。

具受上苦。」

《經律異相》云：

《經律異相》，共五十卷，梁僧旻、寶唱等集。就經、律二藏中録其粹語而成之。

「世尊曰：『雖睹女人，長者如母，中者如姊，少者如妹，如子如女。當内觀身，

推想女人之身也。

念皆惡露，

惡，憎厭之義。露，津液之義。惡露者人身之津液也，如膿血尿屎等。〇《觀心方》云：「惡露者，血也。」

無可愛者。外如畫瓶，

畫瓶，采色所繪畫之瓶也。

中滿不净。觀此四大，

四大者，地大、水大、火大、風大也。地大性堅，能支持物；水大性濕，能收攝物；火大性暖，能調熟物；風大性動，能生長物。此四者造作一切之色法。○《圓覺經》云：「妄認四大爲自身相。」

因緣假合，

僧肇曰：「前後相生，因也。現相助成，緣也。諸法要因緣相假，然後成立。」

本無所有。』」

《原人論》：「此身但是衆緣假和合相，元無人我。」

《大方便經》云：

《大方便經》，爲《大方便佛報恩經》之略名，又名《佛報恩經》，失譯人名。

「佛告阿難：

阿難，爲阿難陀之略稱。譯爲歡喜、慶喜。斛飯王之子，提婆達多之弟，佛之從弟。十大弟子之一也（十大弟子：富樓那、迦葉、迦旃延、舍利弗、優婆離、羅睺羅、須菩提、阿那律、目犍連、阿難）。

『人生世間禍從口生，當護於口甚於猛火。猛火熾然，能燒一世；惡口熾然，燒無數世。猛火熾然，燒世間財；惡口熾然，燒聖七財。

聖七財，即七聖財。○《寶積經》四十二：「云何聖財？謂信、戒、聞、慚、愧、捨、慧如是等法，是謂七聖財。彼諸衆生不護此，故名極窮。」

口中之舌，鑿身之斧，滅身之禍。」

永嘉覺禪師

師永嘉人，姓戴氏。早歲出家，遍探三藏，精天台止觀圓妙法門。於四威中，常冥禪觀。

《永嘉集》

師著《禪宗悟修圓旨》，自淺至深。慶州刺史魏静，輯而成篇，名《永嘉集》。

曰：「貪、瞋、邪見，意業；妄言、綺語、兩舌、惡口，口業；殺、盜、淫，身業。夫欲志求大道者必先浄修三業，然後於四威儀中漸次入道。

四威儀，即下文所云之行、住、坐、臥也。

乃至六根所對，

眼、耳、鼻、舌、身、意爲六根。根之所對者六塵。六塵者，色、聲、香、味、觸、法也（根塵各六名十二處）。

隨緣了達，

一物之生，其親者、近者爲因；遠者、疏者、加入者爲緣。

境智雙寂，

智，四智也。第八阿賴耶識轉爲大圓鏡智，第七末那識轉爲平等性智，第六意識轉爲妙觀察智，眼耳鼻舌身五識轉爲成所作智。既轉識成智，故境智雙寂。

冥乎妙旨。

與佛所以垂教之妙旨合也。

云何浄修身業？深自思惟行、住、坐、臥四威儀中，檢攝三愆，

三愆，即貪、瞋、邪見。

無令漏失。

漏，疏漏也。失，過失也。

慈悲撫育，不傷物命。水陸空行，

此空行非指修空法之二乘及大乘之佛菩薩言，乃指鳥與飛蟲等言也。

一切含識，

一切含識即一切有情。○《行事鈔資持記》上四之一：「心依色中，名爲含識。」

命無大小，等心愛護。

等心，平等之心也。

蠢動蜎飛，

蠢，蟲行貌。

無令毁損。危難之流，殷勤拔濟。方便救度，皆令解脱。於他財物，不與不取。

非與不取也。

乃至鬼神隨有主物，

鬼神必有所主之人，方得有廟殿器物，故曰鬼神隨有主物。

一針一草，終無故犯。貧窮乞丐，隨己所有，敬心施與，令彼安隱，

「隱」字，即「穩」字之通用。○《文句記》十四：「不爲五濁八苦所危，故名安。四倒暴風所不能動，故名穩。」

不求恩報。作是思惟：過去諸佛，經無量劫，行檀布施，

檀，即檀那，施主也。○《大乘義章》十二：「以己財事分布與他，名之爲布。惙己惠人，名之爲施。」

象馬七珍，

七珍，即七寶。○《法華經・授記品》：「金、銀、琉璃、硨磲、瑪瑙、真珠、玫瑰合成。」

頭目髓腦，乃至身命，捨而無吝。我今亦爾，隨有施與，歡喜供養，心無吝惜。於諸女色，心無染著。凡夫顛倒，爲欲所醉，耽荒迷亂，不知其過。如捉花莖，不悟毒蛇。

毒蛇，以喻地、水、火、風四大。○《維摩經・方便品》：「是身如毒蛇。」

智人觀之，毒蛇之口，熊豹之手，猛火熱鐵，不以爲喻。銅柱鐵床，焦背爛腸，血肉糜潰，痛徹心髓。

自銅柱鐵床以下，皆地獄中種種刑。今以喻女色。

作如是觀，唯苦無樂。革囊盛糞，膿血之聚，外假香塗，内唯臭穢，不浄流溢。蟲蛆住處，鮑肆厠孔，

鮑，鮑魚也。○《家語》：「與不善人居，如入鮑魚之肆。」○厠，圊溷也。今曰便所。

亦所不及。智者觀之，但見髮毛爪齒，薄皮厚皮，肉血汗淚，涕唾膿脂，筋脈腦膜，

黄痰白痰，肝膽骨髓，肺脾腎胃，心膏膀胱，大腸小腸，生藏熟藏，屎尿臭處，如是等物，一一非人。識風鼓擊，

識指眼識、耳識、鼻識、舌識、身識、意識等而言。謂心之爲患，如風之鼓擊也。

妄生言語。詐爲親友，其實怨妒。敗德障道，

障，煩惱之異名。煩惱能障礙聖道，是名爲障。〇《大乘義章》五本：「能礙聖道，説以爲障。」

爲過至重。應當遠離，如避怨賊。

怨賊謂害人之命，奪人之財者。〇《維摩經・方便品》：「是身如毒蛇，如怨賊，如空聚。」〇《佛遺教經》：「心之可畏，甚於毒蛇惡獸怨賊。」

是故智者觀之如毒蛇想，寧近毒蛇，不親女色。何以故？毒蛇殺人，一死一生。女色繫縛，百千萬劫，種種楚毒，苦痛無窮。諦察深思，難可附近。是以智者切檢三愆，改往修來，背惡從善；不殺不盜，放生布施；不行淫穢，常修梵行。日夜精勤，行道禮拜，

向右方，旋繞佛之周圍而行，名曰行道。此乃敬禮佛之儀式也。〇《萬善同歸集》曰：「行道一法，西天偏重繞百千匝，方施一拜。經云：『一日一夜行道，志心報四恩，如是等人，得入道疾。』」〇《無量壽經》曰：「行道進德。」

歸憑三寶，

《觀無量壽經》：「恭敬三寶，奉事師長。」〇一切之佛陀爲佛寶，佛陀之説教法爲法寶，隨其教法而修業者

爲僧寶。佛，覺知之義；法，法軌之義；僧，和合之義也。

志求解脱。於身命財，修三堅法。

身、命、財三種，謂之三堅法。

知身虚幻，無有自性。色即是空，誰是我者。一切諸法，但有假名，無一定實是我身者。四大五陰，

五陰，即五蘊。詳下。

一一非我，和合亦無。内外推求，如水聚沫，浮泡陽焰，芭蕉幻化，鏡像水月，畢竟無人。無明不了，妄執爲我。於非實中，横生貪著。殺生偷盗，淫穢荒迷。竟夜終朝，矻矻造業。雖非真實，善惡報應，如影隨形。作是觀時，不以惡求而養身命。應自觀身，如毒蛇想，爲治病故，受於四事。

衣服、飲食、卧具、湯藥，謂四事。又房舍、衣服、飲食、湯藥，亦名四事。〇《法華經・安樂行品》：「衣服、卧具、飲食、醫藥。」〇《無量壽經》下：「常以四事供養，恭敬一切諸佛。」

身著衣服，如裹癰瘡。口餐滋味，如病服藥。節身儉口，不生奢泰。聞説少欲，深樂修行。故經云：少欲頭陀，善知止足，是人能入聖賢之道。何以故？惡道衆生，

惡道指三惡道言，即地獄、餓鬼、畜生之三道處。《梵網經》：「墮三惡道中，二劫三劫，不聞父母三寶名字。」

經無量劫，闕衣乏食，叫唤號毒，飢寒切楚，皮骨相連。我今暫闕，未足爲苦。是故

智者，貴法賤身，勤求至道，不顧形命。是名浄修身業。○云何浄修口業？深自思惟口之四過，

兩舌、惡口、妄言、綺語，爲口之四過。

生死根本，

即輪迴之根本也。

增長衆惡，傾覆萬行，遞相是非。是故智者欲拔其源，斷除虚妄，修四實語：正直、柔軟、和合、如實。此之四語，智者所行。何以故？正直語者，能除綺語；柔軟語者，能除惡口；和合語者，能除兩舌；如實語者，能除妄語。正直語者有二：一稱法説，令諸聞者，信解明了；二稱理説，令諸聞者，除疑遣惑。柔軟語者亦二：一者安慰語，令諸聞者歡喜親近；二者宫商清雅，令諸聞者愛樂受習。和合語者亦二：一事和合者，見鬥諍人，諫勸令捨，不自稱譽，卑遜敬物；二理和合者，見退菩提心人，殷勤勸進，善能分别，菩提煩惱，平等一相。如實語者亦二：一事實者，有則言有，無則言無，是則言是，非則言非；二理實者，一切衆生皆有佛性，如來涅槃常住不變，

如來爲佛十號之一。如真如也，乘真如之道，從因得果而成正覺，故名如來。是真身如來也。○賢首《心經略疏》：「涅槃此云圓寂，謂德無不備稱圓，障無不盡名寂。」○《涅槃經》二十七：「一切衆生悉有佛

性，如來常住，無有變易。」

是以智者行四實語。觀彼衆生，曠劫已來，爲彼四過之所以顛倒。沉淪生死，難可出離。我今欲拔其源，觀彼口業，脣舌牙齒，咽喉臍響，識風鼓擊，音出其中，由心因緣，虚實兩別。實則利益，虚則損減；實是起善之根，虚是生惡之本。善惡根本，由口言詮。

言詮，一作言筌，言語之迹象也。詮，具也，謂具説事理也。

詮善之言，名爲四正，詮惡之語，名爲四邪。邪則就苦，正則歸樂。善是助道之緣，惡是敗道之本。是故智者要心扶正，實語自立。誦經念佛，觀語實相。言無所存，語默平等。是名淨修口業。○云何淨修意業？深自思惟善惡之源，皆從心起。邪念因緣，能生萬惡。正觀因緣，能生萬善。故經云：三界無別法，惟是一心作。當知心是萬法之根本也。云何邪念？無明不了，

《本業經》上：「無明者，名不了一切法。」○《大乘義章》二：「於法不了，爲無明。」又曰：「言無明者，痴暗之心，體無慧明，故曰無明。」

妄執爲我。我見堅固，貪瞋邪見，横計所有，生諸染著。故經云：因有我故，便有我所。因我所故，起於斷常六十二見，

有情之身心，限一期而斷絶之見，是名斷見。反是身心共常住不滅之見，是名常見（言吾人以一世爲期

限，死後則我體斷滅，別無靈魂之存在，物質與靈魂俱滅，故名斷見。反是則以爲身體與靈魂、物質與靈魂俱不滅，故名常見）。爲五惡見中之第二。是名邊見（謂偏於一邊之見也）。○《涅槃經》二十七：「衆生起見凡有二種：一者常見，二者斷見。如是二見，不名中道。無常無斷，乃名中道。」○《大品般若經·佛母品》開十四難爲六十二見，先色蘊，有常等之四句：一色常，二色無常，三色常無常，四色非常非無常。此外受想行識四蘊亦然，如受蘊：一受常，二受無常，三受常無常，四受非常非無常也。餘類推，合成二十句。此計過去之五蘊也。又計色有有邊無邊等之四句：一色有邊，爲於空間之十方上下有邊際窮極也；二色無邊，與上述相反，即於十方上下無邊際窮極也；三色有邊無邊；四色非有邊非無邊。其他受想行識四蘊亦然（如受蘊：一受有邊，二受無邊，三受有邊無邊，四受非有邊非無邊），合成二十句。此爲現在之五蘊所執也。又色有如去不如去等之四句：一色如去，爲人來生於此間如去，至後世亦是如去也；二色不如去，爲過去無從來之所，未來亦無所去也；三色如去不如去，身神和合而爲人，死後神雖去而身不去也；四色非如去非不如去，與第三適相反。此外之四蘊亦然（即受想行識四蘊，見上述），合成二十句。此爲未來之五蘊之所見也。三世合成六十句。再加身與神同，身與神異之二見，總共六十二見。此六十二見，爲斷常有無之邊見也。此外尚有異説，兹從略。

見思相續九十八使。

使爲煩惱之異名，《俱舍論》以見思之惑立九十八使；以貪、瞋、痴、慢、疑、身見、邊見、邪見、見取見、禁戒取見之十惑，名爲本惑，此外爲名之爲隨惑。

三界生死，輪迴不息。當知邪念，衆惡之本。是故智者制而不隨。云何正觀？

正觀對邪觀之稱，觀與經合，則稱正見，名爲正觀。○《觀無量壽經》：「作如是觀者，名爲正觀。」

彼我無差，色心不二。菩提煩惱，本性非殊。生死涅槃，平等一照。故經云：離我我所，觀於平等。我及涅槃，此二皆空。當知諸法，但有名字。故經云：乃至涅槃亦但有名字。又云：文字性離，名字亦空。何以故？法不自名，假名詮法。法既然非法，名亦非名。名不當法，法不當名。名法無當，一切空寂。故經云：法無名字，言語斷故。是以妙相絶名，真名非字。何以故？無爲寂滅，至極微妙。絶相離名，心言路絶。當知正觀，還源之要也。

轉迷入悟，謂還源。○《止觀》五下：「還源反本，法界俱寂，是名爲止。」

是故智者正觀因緣，萬惑斯遣。境智雙忘，心源淨矣。是名淨修意業。」

十二因緣

《大般若經》云：

見前注。

「十二緣起：

舊譯作十二因緣，新譯作十二緣起，是衆生涉三世而輪迴於六道次第之緣起也。

無明緣行，

十二因緣者，一無明，爲過去世之無始之煩惱也。二行，依過去世之煩惱，所作善惡之行業也。

行緣識，

三識，依過去世之業，而受現世受胎之一念也。

識緣名色，

四名色，在胎中漸有心身發育之位，名爲心法。心法不能以體示之，但以名詮之，則爲名。色者，即眼等之身也。

名色緣六入，

五六入，六入即六根，爲六根具足，將爲出胎之位也。

六入緣觸，

六觸，爲二三歲間，對於事物不能識別樂苦，只有觸物之位也。

觸緣受，

七受，爲自六七歲後，漸次對於事物有識別苦樂感受之位也。

受緣愛，

八愛，爲從十四五歲以後，生有種種强盛愛欲之位也。

愛緣取，

九取，爲成人以後，愛欲愈盛，馳驅諸境，取求所欲之位也。

取緣有，

十有，爲因愛取之煩惱，作種種之業，招未來之果之位也。爲有業，有業能招來世之果，故名爲有。

有緣生，

十一生，即依現在之業，受生未來之位也。

生緣老死。

十二老死，爲於來世老死之位也。

復以無所得爲方便思惟，

體無相之真理，心中無執著之所，無分別之所，名曰無所得，即空慧也。○《涅槃經》曰：「無所得者則名爲慧，有所得者名爲無明。」又曰：「有所得者名生死輪。一切凡夫輪迴生死，故有所見。菩薩永斷一切生死，是故菩薩名無所得。」○《維摩經》慧遠疏曰：「無所得者，理中無情可得。此諸菩薩破去情相，到無得處，名爲無所得。」又曰：「觀真捨情，名無所得。」○須菩提問世尊云：「菩薩云何修一切種智？」佛言：「無所得，即是得。以是得，得無所得。」○《法華玄贊》三：「施爲可則曰方，善逗機宜曰便。方是方術，便謂穩便。便之法名方便。」○《大集經》十一：「能調衆生，悉令趣向阿耨多羅三藐三菩提，是名方便。」○從無明至老死，此流轉於三界六道者，名流轉門。流轉之衆生，厭生死之苦，修戒、定、慧三學，以求無明滅乃至老死滅，以還歸於寂寞之涅槃者，名還滅門。

無明滅故行滅，行滅故識滅，識滅故名色滅，名色滅故六入滅，六入滅故觸滅，觸滅故受滅，受滅故愛滅，愛滅故取滅，取滅故有滅，有滅故生滅，生滅故老死滅。」

《因果經》曰：「菩薩以天眼力，觀察五道，起大悲心而自思惟：三界之中，無有一樂。如是思惟，至中夜盡。爾時菩薩至第三夜，觀衆生性，以何因緣而有老死，即知老死以生爲本。若離於生，則無老死。又復此生不從天生，不從自生。非無緣生，從因緣生。因於欲有色，有無色，有業生。又觀三有業從何而生，即知三有業從四取生。又觀四取從何而生，即知四取從愛而生。又復觀愛從何而生，即便知愛從受而生。又復觀受從何而生，即便知受從觸而生。又復觀觸從何而生，即便知觸從六入生。又觀六入從何而生，即知六入從名色生。又觀名色從何而生，即知名色從識而生。又復觀識從何而生，即便知識從行而生。又復觀行從何而生，即便知行從無明生。若滅無明則行滅，行滅即識滅，識滅則名色滅，名色滅則六入滅，六入滅則觸滅，觸滅則受滅，受滅則愛滅，愛滅則取滅，取滅則有滅，有滅則生滅，生滅則老死憂悲苦惱滅。如是逆順觀十二因緣，第三夜分破於無明。明相出時，得智慧光。斷於習障，成一切種智。」

六度

即六波羅蜜也，舊稱波羅蜜爲度，新稱波羅蜜多爲到彼岸，度爲度生死海之義。到彼岸爲到涅槃岸之義，其意一也。波羅蜜之行法凡六種：一布施，二持戒，三忍辱，四精進，五禪定，六智慧也。分列如下。

一、布施

《智度論》云：

《智度論》，爲《大智度論》之略名，凡百卷，龍樹菩薩造，姚秦鳩摩羅什譯。

「檀有三種：

注見下文。

一者財施，二者法施，三者無畏施。持戒自檢，不侵一切衆生財物，是行財施。能種種説法，令其開悟，名爲法施。衆生畏死，持戒不害，名無畏施。」

《智度論》云：「出世間檀清浄，

參觀下文「世間檀」注，其理自明。

不雜諸垢，智慧和合，是聖人所稱譽。世間檀不清浄，

所施之人與施物與自身，起執念以爲布施，是名世間檀。○《智度論》十一：「若三礙繫心，是爲世間檀。何以故？因緣諸法，實無吾我，而言實我與彼取，是故名世間檀。」

雜諸結使，

《大乘義章》五本：「隨逐繫縛，稱之爲使。結集生死，目之爲結。結縛衆生，亦名爲結。」

顛倒心著，是聖人所不稱譽。問曰：云何名檀？答曰：布施心相應善思，是名爲檀。」又云：「有信，有福田，有財物，三事和合時，心生捨法，能破慳貪，是名爲檀。檀有種種利益：檀爲寶藏，常隨逐人；檀爲破苦，能與人樂；檀爲善御，開示天道；

天道者，欲界六重之天及色界、無色界之諸天是也。○《無量壽經》下：「天道自然不得蹉跌。」又曰：「天道施張，自然糺舉。」

檀爲善府，攝諸善人；檀爲安隱，

隱通穩，《説文新附》曰：「穩，安也。古通用安隱。」○安隱，身安心穩也。○《晉書・輿服志》曰：「其負重致遠，安而穩也。」○又《顧愷之傳》曰：「行人安穩，布帆無恙。」○《法華經・譬喻品》曰：「身意泰然，

快得安穩。」

臨終不怖；檀爲集樂，能破苦賊；檀爲大將，能伏慳敵；檀爲妙果，人天所愛；檀爲淨道，聖賢所由；富貴安樂之林藪，得道涅槃之津梁。」

《未曾有經》云：

《未曾有經》，爲十二部經之一，梵名阿浮陀達磨，記佛菩薩種種神力不可思議之事。○《華嚴疏鈔》二十一：「阿浮陀達磨，此云未曾有，亦云希法。」

「帝釋問野干曰：

帝釋，天名，天主之別名，忉利天之主也。居須彌山頂之喜見城，統領他之三十二天。梵名釋迦提桓因陀羅，略云釋提桓因。○《大日經》一：「初方釋天王，安住妙高山。」○野干，獸名。體瘦無目，爲諸童子所擿擲，受諸苦痛。此説見《法華經》。○或曰：野干，即野狐也。

『施食施法，有何功德？答曰：布施飲食，濟一日之命。施珍寶、財物，濟一世之乏，增益繫縛。

雖能濟一世之乏，然反增加繫縛之苦惱。

説法教化，名爲法施，能令衆生出世間道。』」

出世間對世間之稱。世間，一切生死之法也。出世間，涅槃之法也。○《法華經・譬喻品》：「開示演説出世間道。」

《大丈夫論》云：

「財施者，人道中有；法施者，大悲中有。財施者，

《大丈夫論》，提婆羅菩薩造，凡二卷，北涼道諦譯。

救他人之苦，謂之悲心。佛菩薩悲心廣大，故稱爲大悲。

除衆生身苦；法施者，除衆生心苦。財施者，爲其作無盡錢財；

人乏財，以財施之，使有接續，故云爲其作無盡錢財。

法施者，爲能無盡智。財施者，爲得身樂；法施者，爲得心樂。財施者，爲衆生所愛；法施者，以爲世間所敬。財施者，爲愚人所愛；法施者，爲智者所愛。財施者，能與現樂；法施者，能與涅槃之樂。」

《法苑》云：

《法苑》，爲《法苑珠林》之略名，凡百卷，唐道世撰。

「有二種人，一則大富，一則貧窮。有乞者來，如是二人，俱懷苦惱。有財物者，懼其乞索。無財物者，我當云何得少財物與之。如是二人，憂苦雖同，果報各異：貧悲念者，生人天中受無量樂；富慳貪者，生餓鬼中受無量苦。」

《法苑》論曰：「財施有五種：一至心施，二信心施，三隨時施，四自手施，五如法施。」

《法苑》論云：「所不應施復有五事：一非理求財，不以施人，物不浄故；二酒及毒藥，不以施人，亂衆生故；三罝羅機網，不以施人，惱衆生故；四刀杖弓箭，不以施人，害衆生故；五音樂女色，不以施人，壞浄心故。」

《優婆塞戒經》云：

《優婆塞戒經》，七卷，北涼曇無讖譯。

「無財之人，自説無財，是義不然。何以故？一切水草，人無不有。雖是國主，不必能施；雖是貧窮，非不能施。何以故？貧窮之人，亦有食分，食已洗器，棄湯滌汁，施應食者，亦得福德。若以塵麨施於蟻子，

麨，音昭。〇《本草》注：「麨即糗，以麥蒸磨成屑。」

亦得無量福德果報。天下極貧，誰無塵許麩耶？誰有三日食三揣麨，

《漢書》注：「揣與摶通，摶以手圜之也。」〇《曲禮》云：「毋摶飯。」〇《注維摩經》二：「生曰：『凡欲界食，謂之揣食。揣食者，揣握食也。』」

命不全者？是故，諸人應以食半，施於乞者。善男子，極貧之人，誰有赤裸無衣服者？若有衣服，豈無一綫施人？天下之人，誰貧無身？如其有身，見他作福，身應往助，亦名施主，亦得福德。」

《優婆塞戒經》云：「若人得財，貪惜不施，當知即是未來世中貧窮種子。」

《正法念處經》云：

《正法念處經》，凡七十卷，元魏瞿曇般若流支譯。

「不施資財，不以法施，不施無畏，常懷慳嫉。

慳，《廣韻》：「吝也。」

以是因緣，生餓鬼中。」

《佛説福田經》云：

《佛説福田經》，爲《諸德福田經》之略名，一卷，西晉法立譯。

「廣施名曰福田。行者得福，即生梵天。

梵天，色界之初禪天也。此天離欲界之淫欲，寂静清浄，故云。梵天有三天：一曰梵衆天，二曰梵輔天，三曰大梵天。

何等爲七？一者興立佛圖，

佛圖，塔也。

僧房堂閣；二者園果浴池，樹木清凉；三者常施醫藥，療救衆病；四者作堅牢船，濟渡人民；五者安設橋梁，過度羸弱；六者近道作井，渴乏得飲；七者造作圊厠，施便利處。是爲七事，得梵天福。」

《菩薩本行經》上云：

《菩薩本行經》，爲《佛説菩薩本行經》之略名，失譯人名。

「賢者須達，

須達，舍衛國長者之名，祇園精舍之施主。又稱蘇達多，即給孤獨長者也。

至信道德往佛聽法。佛問：『在家之士，當行布施，不布施也？』須達白佛：『當行布施。多施耶，少施耶？以好意施耶，不好意施耶？』佛言：『所施雖多而獲報少，所施雖少而獲報多。何謂施多而獲報少？雖多布施，而無至心，無恭敬心，不大歡喜，貢高自大，

貢，獻也。貢高，獻其高也。

所施之人，信邪倒見，非是正見，不得快士。所施雖多而獲報少，猶如耕田薄地之中，下種雖多，收實甚少。何謂施少而獲大福？所施雖少，歡喜心與，清浄心與，恭敬心與，不望報與，所施之人，復得快士，佛及辟支，沙門四道，

沙門四道者，四種沙門也：一勝道沙門，二示道沙門，三命道沙門，四污道沙門。

應正見者。所施雖少，獲報弘大，猶如良田，所種雖少，收實甚多。』」

《寶藏經》云：「在家菩薩，

菩薩有在家、出家二種。○《智度論》七：「此二種菩薩：居家、出家。」

乞者來求，隨所施財，應至心念我所施財及不施財，俱當散滅，不滿所願，必當歸死。我不捨財，財當捨我。我今當捨，令作堅財，

堅固不動之財也。

然後乃死。捨此財已，死時無恨。」

二、持戒

《佛報恩經》云：

《佛報恩經》，爲《大方便佛報恩經》之略名。○佛在靈鷲山，阿難聞外道譏佛不孝，以白於佛。佛放光集

十方菩薩，爲説嘗爲須闍提太子以己身之肉，濟父母之難，又升忉利天爲母説法等。凡九品。係結集家之手草也。○失譯人名。

「戒有上中下：五戒是下品，

五戒者，不殺、不盜、不淫、不妄語、不飲酒。

十戒是中品，

十戒者，於五戒外，加不著華鬘好香塗身、不歌舞倡伎亦不往觀聽、不得坐高廣大床上、不得非時食、不得捉錢金銀寶物。

具戒是上品。

具戒，具足戒也。比丘二百五十戒，比丘尼五百戒（實三百四十八戒）。○《八宗綱要》：「受具戒時，並得如是無量無邊等戒，量等虛空，境遍法界，莫不圓足，故名具足戒。」

五戒中又分三：如若微品心受戒，得微品戒；若中品心受戒，得中品戒；若上品心受戒，得上品戒。十戒、具戒，亦各三品，如五戒説。上品心得五戒，是上品戒；中品心得十戒，是中品戒；下品心得具戒，是下品戒。以是義故，隨心有上中下，得戒不同，無定限也。」

《智度論》云：「破戒者墮三惡道。

違反所受之戒法，謂之破戒。○三惡道，地獄道、餓鬼道、畜生道也。

若下持戒，生人間；中持戒，生六欲天；

六欲天，欲界六重之天也。一四天王天，持國、廣目、增長、多聞之四天王所居；二忉利天，又名三十三天，四方各八天，中央帝釋天；三夜摩天，又名時分，彼之天中時時唱快哉，故名；四兜率天，又名喜足，於五欲之樂生喜足之心，故名；五樂變化天，於五欲之境，而自變化，故名；六他化自在天，能使他自在變化五欲之境，故名。此中四天王天在須彌山之半腹，忉利天在須彌山之頂上，故名地居天。兜率天以上，住在空中，則名空居天。

持戒又行四禪、

欲界之上曰色界。即初禪天、二禪天、三禪天、四禪天也，其總名曰四禪。

四空定，

色界之上曰無色界，内分四層：一曰空無邊處定，二曰識無邊處定，三曰無所有處定，四曰非想非非想處定，故名四空定。〇《釋迦譜》：「世尊即入初禪，從初禪起入第二禪，從第二禪起入第三禪，從第三禪起入第四禪，從第四禪起入空處定，從空處定起入識處定，從識處定起入不用定，從不用定起入有想無想定，從有想無想定起入滅想定。」

生色、無色界。

行四禪定生色界，行四空定生無色界（欲界、色界、無色界名三界）。

上持戒有三種：

上持戒，指下文三種清淨之上者而言也。

下清浄持戒，得阿羅漢；

下清浄持戒之上持戒者，得第四阿羅漢果（須陀洹、斯陀含、阿那含、阿羅漢，謂之四果）。

中清浄持戒，得辟支佛；

又名辟支迦羅，即緣覺。○此指中清浄持戒之上持戒者。

上清浄持戒，得佛道。」

上中之上得佛道也。

《梵網經》云：

《梵網經》，爲《梵網經心地品》之略名，姚秦鳩摩羅什譯。○明釋智旭云：「本源自性清浄，故稱爲梵。慧命遍傳塵刹，故稱爲網。萬法之所集起，故稱爲心。凡聖之所依持，故稱爲地。」○梵網云者，因譬喻而得名。大梵天王之因陀羅網，重重交徹，無隔閡之相。諸佛教門亦重重無盡莊嚴法身無所障閡；一部所詮之法門，重重無盡，譬如梵王之網，故名《梵網經》。

「佛告諸佛子言：『有十重波羅提木叉，

波羅提木叉，戒律三名之一。又譯爲别解脱，或處處解脱。七衆所受之戒律，解脱身口七支之惡（七支之惡，即身三口四之七支惡業。身三者，殺生、偷盗、邪淫。口四者，妄言、綺語、惡口、兩舌也。），故曰别解脱戒。又作隨順解脱。○《大乘義章》曰：「木叉者，此名解脱。」

若受菩薩戒不誦此戒者，非菩薩非佛種子。

菩薩之所行名佛種。○舊《華嚴經》三十二：「下佛種子於衆生田，生正覺芽。」○《探玄記》十一：「菩薩所行，名爲佛種。」

我亦如是誦，一切菩薩已學，

已學，指過去而言。

一切菩薩當學，

當學，指未來而言，言將來必定要學也。

一切菩薩今學。

今學，指現在而言。

已略説菩薩波羅提木叉相貌，

相貌者，持戒之姿勢。

應當學，敬心奉持。』佛告佛子：『若自殺，

或不食，或自投於河，或服毒，或縊等。

教人殺，

或面教，或遣使，或作書教人去殺人也。

方便殺，

即殺前方便也，或束縛捉繫等，或指示道路令他人捕獲。

讚嘆殺，

他人本無殺心，贊譽令起殺心也。

見作隨喜，

隨喜殺者，他人先有殺心，獎勵令其成就也。

乃至咒殺，

咒殺者，誦咒語殺人。

殺因、

心欲他人命斷也。〇親生爲因。

殺緣、

方便助成其殺。〇助生爲緣。

殺法、

用刀、劍、坑、弩、毒藥、咒術等。〇法，方法也。

殺業，

殺害衆生之惡業。〇造作名業。

乃至一切有命者，

此乃至，下及之言也。一切有命，指微細有情，如蜎飛蠕動等。

不得故殺。

故殺，故意而殺。

菩薩應起慈悲心救護。而恣意殺者，是波羅夷罪。

波羅夷，斷頭之義。無可懺悔之罪也。

〇若佛子自盜，

或灼然劫取、或潛行暗取、或詐術騙取、或勢力强取、或詞訟取、或牴謾取、或受寄託而不還、或應輸稅而不納，有此八種。

教人盜，

教人爲我劫取乃至爲我偷竊也。

方便盜，

彼物自來，方便藏舉，如攘羊之類。

咒盜，

誦咒語而盜人之財物。

盜因、

興心故取他人之物，或以諂心、或以曲心、或瞋恚他人之心、或恐怖他人之心。

盜緣、

穿窬而窺闞等。

盜法、

負匱揭篋、擔囊發鑰之類。

盜業，

私取他人之財物。

乃至鬼神有主物，

廟中、墓中等物。

劫賊物，

劫賊所劫得之物。

一針一草，不得故盜。而菩薩慈悲心常助一切人生福生樂。而反盜人物，波羅夷罪。○若佛子自淫，教人淫，淫因、淫緣、淫法、淫業，乃至畜生女，諸天鬼神女，及非道行淫。

非道行淫，如《善生經》云：「非時非處非女處女等。」

而菩薩應浄法與人。而反起一切人淫，波羅夷罪。○若佛子自妄語，教人妄語，方便妄語，

《梵網經合注》云：「方便妄語者，作種種顯異方便。或借鬼神仙乩，或用咒術，令人得夢境等。」

妄語因、

《梵網經合注》云：「起心欲誑他以取名利。」

妄語緣、

《梵網經合注》云:「行來動止,語默威儀,種種方便。」

妄語法、

《梵網經合注》云:「即十地四果等法。」

妄語業。

凴空杜撰,竦人聽聞。

菩薩常生正語。

正語爲八正道之一,遠離虚妄之語也。

而反起一切衆生邪語,波羅夷罪。○若佛子自酤酒,

《玉篇》:「酤,賣酒也。」○《淮南子》:「出於屠酤之肆。」

教人酤酒,酤酒因、酤酒緣、酤酒法、酤酒業,是酒起罪因緣。

《梵網經合注》:「起罪因緣者,《四分律》明飲酒十失:一顔色惡;二少力;三眼視不明;四現瞋恚相;五壞田業資生法;六增致疾病;七益鬥訟;八無名稱,惡名流布;九智慧減少;十身壞命終,墮三惡道。」

菩薩應生一切衆生明達之慧。

明,三明。達,三達。在菩薩謂之三明,在佛謂之三達。三明,宿命明、天眼明、漏盡明也。○《大乘義章》二十本:「知之究盡説三達。明共二乘,達唯如來。」○《大部補注》八:「三明居極,故云三達。」○慧,有三慧:一聞慧,見聞經教,依之而生智慧;二思慧,依理思惟而生智慧;三修慧,依修禪定而生智慧。

而反更生一切衆生顛倒心,

顛倒心，即妄想識陰也。

波羅夷罪。○若佛子自説在家、出家菩薩罪過，

在家菩薩，如維摩詰居士，全存梵儀，而修佛道。但受五戒、八戒或十善戒。○《優婆塞戒經》三：「菩薩有二種：一者在家，二者出家。」

教人説罪過，罪過因、罪過緣、罪過法、罪過業。菩薩聞外道惡人，

《資持記》上一之一：「言外道者，不受佛化，别行邪法。」○天台《浄名疏》一之本：「法外妄解，斯稱外道。如二天、三仙等（二天：一韋紐天外道，二摩醯首羅天外道。三仙：迦毗羅仙外道，即數論師；優樓迦仙外道，即勝論師；勒沙婆仙外道，即尼犍子）。」

及二乘惡人，

二乘者，聲聞乘、緣覺乘也。聲聞依言教而得度，緣覺觀十二因緣而得度。聲聞自心發火，灰身滅智者；緣覺以風緣觀飛花落葉而開悟者。

説佛法中非法非律，菩薩常生慈悲心，教化是惡人輩，令生大乘善信。

信不善法故謗佛道，大乘當信，故云善信。○大，簡小之稱。乘，運載之稱。

而反自説佛法中罪過，波羅夷罪。○若佛子自贊毁他，

自贊者，稱己功德。毁他者，譏人過惡。自贊毁他者，彼此互形顯己德而彰人短，使名利歸於自身也。

亦教人自贊毁他，

教人贊我毁他，或教人自己稱贊而毁謗他人。

毁他因、毁他緣、毁他法、毁他業。而菩薩代一切衆生受加毁辱，惡事向自己，好事與他人。若自揚己德，隱他人好事，令他人受毁者，波羅夷罪。○若佛子自慳，

慳者，吝惜所有也。或吝財，或吝法也。

教人慳，

教人爲己拒他來求。或教人自己吝財、吝法而不施。

慳因、慳緣、慳法、慳業。而菩薩見一切貧窮人來乞者，一切給與。而菩薩惡心瞋心，

怒忿爲瞋，三毒之一也（三毒者，貪、瞋、痴。）。

乃至不施一錢一針一草。有求法者，

求法者，來求佛法。

不爲説一句一偈，

偈者，頌也。有一定之字數而結成四句。有三言、四言乃至多言之别。即贊美之歌也。

反更罵辱，波羅夷罪。○若佛子自瞋，教人瞋，

教人爲己忿怒他人，或教自己瞋怒於他人。

瞋因、瞋緣、瞋法、瞋業。而菩薩應生一切衆生善根無諍之事，

《十住婆沙論》一：「善根者，不貪、不瞋、不痴。一切善法從此三者而生。」

常生悲心。

悲心者，悲憫之心也。

而反罵辱，加以手足刀杖，意猶不息，前人求懺謝，

玄應《音義》十四：「懺謂容恕我之罪也。」

猶瞋不解，

不解其瞋恨前人之心。

波羅夷罪。〇若佛子自謗三寶，

三寶者，佛、法、僧。

教人謗三寶，謗因，謗緣，謗法，謗業。菩薩見外道一言謗佛，如三百矛刺心；況口自謗？反助惡人、邪見人謗者，波羅夷罪。』」

三、忍辱

《菩薩藏經》云：

《菩薩藏經》，一卷，蕭梁之僧伽婆羅譯。

「夫忿恚者，速能損害百千大劫所集善根。

成、住、壞、空四期爲一周，謂之大劫。〇身、口、意三業之善堅固而難拔，故云善根。〇《維摩經·菩薩行品》：「不惜軀命，種諸善根。」

若諸善根爲瞋害已，復當經於百千大劫，方始勤苦修行聖道。若如是者，阿耨菩

提極難可得。

阿耨菩提，爲阿耨多羅三藐三菩提之略名。○《教行信證》二：「阿耨菩提者，即是涅槃界。」

是故我當被忍辱鎧，

《法華經・勸持品》：「惡鬼入其身，罵詈毀辱我。我等敬信佛，當著忍辱鎧。」

以堅固力，摧忿恚軍。」

《六度集經》云：

《六度集經》，又名《六度無極經》，又名《六度經》，共八卷，吴康僧會譯。

「復有四種忍辱，具足智慧。何等爲四？一於求法時忍他惡罵，二於求法時不避飢渴寒熱風雨，三於求法時隨順和尚阿闍梨行，

和尚，弟子呼師之稱。亦非梵語，亦非漢語，于闐國語也。阿闍梨，教授也，又高僧之敬稱。○玄應《音義》十五：「於善法中教授令知，名阿闍梨也。」

四於求法時能忍空無相無願。」

《成實論》云：

《成實論》，十六卷，訶梨跋摩造，姚秦鳩摩羅什譯。

「惡口罵辱，小人不堪，如石雨象。

如石雨象者，如石雨下之象也。

惡口罵詈，大人堪受，如華雨象。

如華雨象，如華之雨下也。

行者當觀前人本末因緣，或於過去爲我父母，養育我身，不避罪福。未曾報恩，何須起瞋？或爲兄弟妻子眷屬，或是聖人，昔爲善友，凡情不識，何須加毁？」

《大寶積經》云：

寶積者，法寶之積集，而大乘深妙之法目之爲寶，故云寶；無量之法門攝在此中，故云積。○《大寶積經》，百二十卷，唐菩提流志譯。

「第三忍辱，有十事：一不觀於我及我所相，

我，自身也。我所爲「我所有」之略，自身外之萬物謂之我所。○《注維摩經》五：「肇曰：『我爲萬物主，萬物爲我所。』生曰：『有我之情，自外之法，皆以爲我之所有，是對我之法。』」

二不念種姓，

不念種姓者，不以大種大姓爲念而不能忍辱也。

三破除憍慢，四惡來不報，五觀無常想，

世間一切之法，生滅遷流，刹那不住，謂之無常。○《涅槃經》曰：「是身無常，念念不住，猶如電光暴水幻

炎。」○《智度論》曰：「一切有爲法無常者，新新生滅故，屬因緣故。」○《六祖壇經》曰：「生死事大，無常迅速。」○《無常經》曰：「未曾有一事，不被無常呑。」○無常想爲十想之一，觀想無常之理也。

六修於慈悲，七心不放逸，八捨於飢渴苦樂等事，九斷除瞋恚，十修習智慧。若人能成如是十事，當知是人能修於忍。」

《月燈三昧經》云：

《月燈三昧經》，十卷，高齊之那連提耶舍譯。

「佛言：『若有菩薩住於慈忍，

慈忍者，慈悲忍辱也。○《證道歌》：「觀惡言，是功德，此則成吾善知識。不因訕謗起怨親，何表無生慈忍力。」

有十種利益。何等爲十？一火不能燒，二刀不能割，三毒不能中，四水不能漂，五爲非人所護，

非人者，對人而總天龍八部及夜叉、惡鬼之冥衆言也。

六得身相莊嚴，七閉諸惡道，八隨其所樂

樂音效。

生於梵天，九晝夜常安，十其身不離喜樂。』」

樂音洛。

《私呵昧經》云：

《私呵昧經》，又名《私呵三昧經》，一卷，吴支謙譯。

「佛言：『忍有六事，得一切智。

《仁王經》下：「滿足無漏界，常浄解脱身。寂滅不思議，名爲一切智。」○《中論疏》九末：「知一切法，名一切智。」

何等爲六？一得身力，二得口力，三得意力，四得神足力，

神足力者，遊涉往來自在之通力也。

五得道力，六得慧力。』」

《報恩經》云：「假使熱鐵輪，在我頂上旋。終不爲此苦，而發於惡言。」

《攝論》云：

《攝論》，爲《攝大乘論》之略名，無著菩薩造，陳真諦譯。○《法華玄義私記》一末：「《玄贊要集》云，西方《攝大乘經》有七百卷，此方不來。有一品名《攝大乘品》，造《攝大乘論》解之。」

「由觀五義，以除瞋恚：一觀一切衆生，無始已來，於我有恩；二觀一切衆生，恒念念滅，何人能損？何人被損？三觀唯法，無衆生，有何能損及所損？四觀一切衆

生皆自受苦，云何復欲加之以苦？五觀一切衆生皆是我子，云何於中欲生損害？由此五觀，故能滅瞋。」

四、精進

《菩薩本行經》云：「佛在給孤獨園，

給孤獨長者從祇陀太子買得此園，以之施與衆僧，故名其園曰給孤獨園。

見諸比丘身心懈怠，告阿難言：『夫懈怠者，衆行之累。居家懈怠，則衣食不供，産業不舉；出家懈怠，則不能離生死之苦。一切衆事，皆由精進而興。

精進，勤也。○《唯識》六：「勤謂精進。」

在家精進，衣食豐饒，居業益廣；出家精進，道行皆成，直至成佛。皆由精進而得成辦。』」

《修行道地經》：

天竺沙門衆護撰，凡七卷，西晉竺法護譯。

「佛云：『自見宿命，

宿命通爲六通之一（天眼通、天耳通、他心通、神足通、宿命通、漏盡通，謂之六通）。

從無量劫往反生死，没積身骨，過須彌山。

須彌山在小千世界之中心，天帝釋所住之金剛山也。

其髓塗地，可遍天下三千世界；其血流墮，多於古今天下普雨。但欲免斯生死之患，晝夜精進，求於無爲。』」

《大寶積經》云：「第四精進有十念：一念佛無量功德；二念法不思議解脱；三念僧清淨無染；四念行大慈，安立衆生；五念行大悲，拔濟衆苦；六念正定聚，

正定聚爲三聚之一（三聚者，正定聚、邪定聚、不定聚也）。○《智度論》八十四：「能破顛倒者名正定。」○《俱舍論》十：「預流向以上之聖者爲正定聚。」

勸樂修善；七念邪定聚，

《智度論》八十四：「必不能破顛倒者是邪定。」○《俱舍論》十：「造五無間業者爲邪定聚。」

拔令反本；八念諸餓鬼，飢渴熱惱；九念諸畜生，長受衆苦；十念諸地獄，備受燒煮。菩薩如是，思惟十念，三寶功德，

一切之佛陀，佛寶也。佛陀所説之教法，法寶也。隨其教法而修業之者，僧寶也。○《觀無量壽經》：「恭敬三寶，奉事師長。」

專念不亂。是名正念精進。」

《六度經》云：

《六度經》，爲《大乘理趣六波羅蜜》之略名，又爲《六度集經》之略名，又爲《大乘理趣六波羅蜜多經》略名，唐般若譯。

「復有四種精進，具足智慧。何等爲四？一勤於多聞，二勤於總持，

總持，梵語陀羅尼。○《注維摩經》一：「肇曰：『持善不失，持惡不生。』」

三勤於樂説，

樂，音效。

四勤於正行。」

五、禪定

《坐禪儀》云：

《坐禪儀》，爲《普勸坐禪儀》之略名，一卷，曹洞宗開祖道元著。

「學般若菩薩，

《智度論》四十三：「般若者，秦言智慧。一切智慧中最爲第一，無上無比。」

當起大悲心，發弘誓願，精修三昧，

《大乘義章》九：「心體寂静，離於邪亂，故曰三昧。」

廣度衆生，

衆生，又名有情。有三説：一、衆人共生之義。○《法華文句》四：「《中阿含》十二云：『劫初光音天，下生世間，無男女尊卑。衆共生世，故言衆生。』此據最初也。」二、爲衆多之假法和合而生，故名衆生。○《法鼓經》：「萬法和合施設而生，故名衆生。」○《法華文句》四：「若攬衆陰而有，假名衆生，此據一期受報也。」三、經衆多之生死，故名衆生。○《般若燈論》：「有情者數數生，故名衆生。」○《法華文句》四：「若言處處受生，故名衆生者，此據業力五道流轉也。」

不爲一身獨求解脱。

解脱者，解惑業之繫縛，脱三界之苦果。○《注維摩經》一：「肇曰：『縱任無礙，塵累不能拘，解脱也。』」○《唯識述記》一本：「解謂離縛，脱謂自在。」

爾乃放捨諸緣，

色香等百般之世相，總而爲我心識所攀緣者，故云諸緣。

休息萬事，身心一如，

一如，一而不二之義，如不異之義。一如即真如之理也。○《讚彌陀偈》：「同乘一如號正覺。」

動静無間。量其飲食，不多不少。調其睡眠，不節不恣。結加趺坐，先以左足安右髀上，

髀，《五音集韵》：「傍禮切，音陛，髀股也。」

右足安左髀上。或半加趺，

束皙《補亡詩》注：「趺，與跗同。」○《韵會》：「跗，足趾也。」○《玉篇》：「跗，足上也。」○《儀禮·士喪

禮》：「乃屨，綦結於跗，連絢。」

或以左足壓右足，皆可。次以左掌安右掌上，以兩大拇指面相拄，徐徐舉身。良久，復左右摇振，乃正身端坐，不得左傾右側，前躬後仰。令腰脊頭項，骨節相拄，狀如浮圖。

《秘藏記本》：「浮圖，佛也。或云即塔。」

令耳與肩對，鼻與臍對，舌拄上顎，脣齒相著，目須微開，免致昏睡。身相既定，氣息既調，寬放臍腹。一切善惡，都莫思量。念起即覺，覺之即無。久久忘緣，自成一片。若得此意，自然四大輕爽。

四大，地、水、火、風也。〇《圓覺經》：「妄認四大爲自身相。」

所謂安樂法門也。若已發明者，如龍得水。未發明者，但辦肯心，必不相賺。

賺音湛，市物失實也。又賣也，如爲人所賣曰被賺。

出定之時，徐徐動身，安詳而起。一切時中，護持定力，如護嬰兒。即定力易成矣。所以探珠宜浪静，動水取應難。定水澄清，心珠自現。

衆生之心性，本來具清浄之佛性，譬如明珠。〇《心珠歌》：「此心珠，如水月。」

故《圓覺經》云：『無礙清浄慧，

無礙，又作無閡。如燈光之互入，是無礙之相也。〇《維摩經・佛國品》：「心安常住無礙解脱。」〇清浄者，離惡行之過失，離煩惱之垢染也。○《探玄記》四：「三業無過云清淨。」

皆因禪定生。』

禪定，又名静慮。禪爲色界法，定爲無色界法。

是知超凡越聖，必假静緣；坐脱立亡，

此指預知死期而言。

須憑定力。

定力，禪定之力也。○《太平記》十八：「上人定力堅固，無隙得伺。」

最爲急務也。」

《月燈三昧經》云：「佛言：『若有菩薩住於宴坐，

宴坐，坐禪也。○《維摩經·弟子品》：「宴坐樹下。」○净影之《義記》二本：「宴，猶默也。默坐樹下，名謂宴坐。」

有十種利益。何等爲十？一其心不濁，二住不放逸，

住，安住也。住於四禪八定也。○放逸者，不守規矩也。○《大乘義章》：「離善方便，名放逸。」○《佛遺教經》曰：「勿令放逸入於五欲。」

三三世諸佛愛念，

《智度論》三：「净飯王愛念子故，常遣使問訊。」

四信正覺行，

正覺，梵語三菩提。如來之實智名正覺，故成佛謂之成正覺。○《法華玄贊》二：「三云正，菩提云覺。」

五於佛智不疑，

佛智，佛陀之智慧也。○《智度論》四十六：「佛智慧有二種：一者無上正智，名阿耨多羅三藐三菩提；二者一切種智，名薩婆若。」

六知恩報恩，七不謗正法，

正法者，真正之道法也。○《無量壽經》上：「弘宣正法。」

八善能防禁，

防禁身業、口業、意業也。

九到調伏地，

唐《華嚴經》五：「調伏衆生，令究竟出離。」○《探玄記》四：「調者調和，伏者制伏。謂調和控御身、口、意業，制伏除滅諸惡行故。」○《維摩經》淨影疏：「調令離惡，離過順法，故名調伏。」○《無量壽經》下：「如法調伏諸衆生力。」

十證四無礙智。』

無礙智，佛智之通達自在之謂。○《涅槃經》八：「如來不爾，悉知自地及以他地，是故如來名無礙智。」○《大集經》一：「無礙智慧無有邊，善解衆生三世事。」○《無量壽經》下：「佛眼具足覺了法性，以無礙智爲人演說。」○《勝鬘寶窟》上末：「無礙智者，於世諦法知之自在也。」○《智度論》二十五：「四無礙智者，義無礙智、法無礙智、辭無礙智、樂説無礙智。」○《涅槃經》十七：「菩薩摩訶薩，能如是知得四無礙：法無礙、義無礙、辭無礙、樂説無礙。」

又佛言：『若有菩薩愛樂空閑，

離村落三百步乃至六百步者閑静處，適於比丘等之修行，是謂空閑。

有十種利益。何等爲十？一省世事務，二遠離衆鬧，三無有違諍，四住無惱處，五不增有漏，

漏爲煩惱之異名。○《法華玄贊》一：「諸論皆云，煩惱現行，令心連注，流散不絶，名之爲漏。如漏器漏舍，深可厭惡，損污處廣，毁責過失，立以漏名。」○《法華文句》二：「失道名漏。」

六不起諍訟，七安住静默，八隨順相續解脱，

《注維摩經》一：「肇曰：『縱任無礙，塵界不能拘，解脱也。』」○《唯識述記》一本：「言解脱者，體即圓寂，由煩惱障，縛諸有情，恒處生死，證圓寂已，能離彼縛，立解脱名。」

九速證解脱，十少施功而得三昧。』」

言布施之功德雖少，而已得三昧。○《智度論》五：「善心一處住不動，是名三昧。」又曰：「一切禪定，亦名定，亦名三昧。」○《大乘義章》十三：「定者當體爲名，心住一緣，離於散動，故名爲定。言三昧者，是外國語，此名正定。」○王日休曰：「世人不知此理，乃謂三昧爲妙趣之意。故以善於點茶者，謂得點茶三昧；善於簡牘者，謂得簡牘三昧。此皆不知出處，妄爲此説也。」

六、般若

《文殊般若經》曰：

《文殊般若經》有二種譯本：一爲梁之曼陀羅仙譯，題名《文殊師利所説摩訶般若波羅蜜經》；一爲梁之僧伽波羅譯，題名《文殊師利所説般若波羅蜜經》。此爲梁曼陀羅仙譯本，凡二卷。

「佛告文殊師利：

《華嚴經·菩薩住處品》：「東方有處，名清涼山。從昔以來，諸菩薩衆於中止住。現有菩薩文殊師利，與其眷屬諸菩薩衆一萬人俱，常在其中而演説法。」○《放鉢經》：「今我得佛，皆是文殊師利弟子。當來者亦是其威神力所致。譬如世間小兒有父母，文殊師利者，佛道中父母也。」

『如是修般若波羅蜜時，

《智度論》：「般若者，秦言智慧。一切諸智慧中，最爲第一。無上無比無等，更無勝者。」又曰：「波羅蜜名到彼岸。」

當云何住般若波羅蜜？』文殊師利言：『以不住法爲住般若波羅蜜。』

法，梵名達摩，通一切之語也。有小者，大者；有有形者，無形者；有真實者，虛妄者；有事物其物者，有道理其物者。悉皆名之爲法。○《楞伽經》：「智慧觀達，不墮二邊，得自覺聖趣，是般若波羅蜜。」○《三昧經》：「心無心相，不取虛空，不依諸地，不住智慧，是般若波羅蜜。」

又問：『云何不住法名住般若波羅蜜？』答曰：『以無住相即住般若波羅蜜。』

無住相者，即無住於我相、人相、衆生相、壽者相也。

又問：『如是住般若波羅蜜時，是諸善根，

《十住毗婆沙論》一：「善根者，不貪不恚不痴，一切善法從此三生。」○《維摩經・菩薩行品》：「不惜軀命，種諸善根。」注：「什曰：『謂堅固善心，深不可拔，乃名根也。』」

云何增減？』答曰：『若能如是住般若波羅蜜，於諸善根，無增無減；於一切法，亦無增無減；

一切法又名一切萬法，又名一切諸法。爲總該萬有之稱也。○《智度論》二：「一切法略説有三種：一者有爲法，二者無爲法，三者不可説法。此三已攝一切法。」

是般若波羅蜜性相，亦無增無減。

性爲法之自體，在内不能改易。相，相貌也，現於外而可分别。有爲與無爲相對待，則無爲法爲性，有爲法爲相。而有爲無爲，總名性相。自體曰性，可識曰相。○《智度論》三十一：「性言其體，相言可識。」

世尊，如是修般若波羅蜜，則不捨凡夫法，

《大威德陀羅尼經》：「於生死迷惑流轉，住不正道，故名凡夫。」○《法華經》：「凡夫淺識，深著五欲。」○《佛性論》：「凡夫以身見爲性。」

亦不取賢聖法。何以故？般若波羅蜜，不見有法可取可捨，亦不見涅槃可樂，生死可厭。何以故？不見生死，况復厭離？

厭物而離，謂之厭離。○《維摩經・佛國品》：「佛以一音演説法，或有恐畏或歡喜，或生厭離或斷疑。」

不見涅槃，何況樂著？

樂著者，娱樂執著也。〇《法華經·譬喻品》：「猶故樂著，嬉戲不已。」〇《大悲經》三：「若有衆生，樂著生死三有愛果。」

如是修般若波羅蜜，不見垢惱可捨，亦不見功德可取。世尊，不見諸法有增有減，是修般若波羅蜜。何以故？法無好醜，離諸相故；

離相爲《法華經》三相之一。〇《法華經·藥草喻品》：「如來説法，一相一味，所謂解脱相、離相、滅相。」〇《文句》七上：「解脱相者無生死相，離相者無涅槃相，滅相者無相亦無相。」

法無高下，等法性故；

法性者，真如也。性之爲言體也，不改也。真如爲萬法之體，常住不改，故名之曰法性。〇《六波羅蜜經》曰：「衆生無定性，猶如水上波。願得智慧風，吹入法性海。」

法無取捨，住實際故。

《智度論》三十二：「實際者，以法性爲實證故爲際，善入法性是爲實際。」〇《最勝王經》一：「實際之性，無有戲論。」〇《唯識述記》九末：「無倒究竟，無倒所緣，名爲實際。」

如來自覺一切法空，

《法華經·安樂行品》：「觀一切法空，如實相，不顛倒、不動、不退、不轉，如虚空無所有性。」

是可證知。』佛告文殊師利：『如是如是。如來正覺，

正覺，梵語三菩提，如來之實智名正覺，證悟一切諸法之真正之覺智也，故成佛謂之成正覺。〇《法華玄贊》二：「三云正，菩提云覺。」

自證空法。』文殊師利白佛言：『世尊，是空法中，當有勝如而可得耶？』佛言：『善哉善哉，文殊師利，如汝所説，是真法乎？』」

真法者，真如實相之法也。〇《華嚴經》十六：「正覺遠離數，此是佛真法。」〇《教行信證·行卷》：「至理真法，一如化物利人。」〇《臨濟録》：「真佛無形，真法無相。」

又曰：「文殊師利言：『修般若波羅蜜時，不見凡夫相，不見佛法相，不見諸法有決定相，

事定而不動者爲決定。〇《無量壽經》上：「決定必成無上正覺。」〇《勝鬘經寶窟》上末：「決定謂信也。」

是爲修般若波羅蜜。復次修般若波羅蜜時，不見欲界，

欲界爲三界之一，淫欲與食欲之强有情之住處也。上始於六欲天，中至人界之四大洲，下至八大地獄是也。〇《俱舍論》八：「地獄等四及六欲界，並器世間，是名欲界。」又曰：「欲所屬界，説名欲界。」

不見色界，

色界爲三界之一，如身體、宫殿、國土等物質之物，皆殊妙精好，謂之色界。有四禪十八天。

不見無色界，

無色界爲三界之一。此界無物質，無色，無身體，亦無國土、宫殿，唯以心識住於深妙之禪定，是曰無色界。

不見寂滅界。

寂滅界即涅槃界也。界，藏之義，涅槃能藏無爲之萬德謂之界。又因義也，涅槃能生一切世間出世間之

利樂之事謂之界。又界爲界畔也，涅槃無界畔，望生死界，謂之涅槃界。○《唯識論》十：「界是藏義，此中含容無邊希有大功德故。或是因義，能生五乘世出世間利樂事故。」○《增一阿含經》十二：「亦獲智慧海，漸至涅槃界。」

何以故？不見有法，是滅盡相，是修般若波羅蜜。』

滅相爲有爲之四相之一。

佛告文殊師利：『善哉善哉，汝能如是善説甚深般若波羅蜜相，是諸菩薩摩訶薩所學法印，

菩薩即菩提薩埵。○《浄名疏》曰：「菩提名佛道，薩埵名成衆生。用諸佛道成就衆生故，名菩提薩埵。」○摩訶薩，即摩訶薩埵。○《智度論》五：「摩訶名大。薩埵名衆生，或名勇心。此人心能爲大事，不退不還，大勇心故，爲摩訶薩埵。」○《智度論》二十二：「得佛法印故，通達無礙。如得王印，則無所留難。問：『何等是佛法印？』答曰：『佛法印有三種：一者，一切有爲法，念念生滅，皆無常；二者，一切法無我；三者，寂滅涅槃。』」○《法華經・譬喻品》：「汝舍利弗，我此法印，爲欲利益世間故説。」

乃至聲聞、緣覺，學無學人，

聲聞乘分四果，其前三果名有學，其第四果爲阿羅漢果，名無學。謂學道圓滿，無用修學也。○《智度論》十八：「辟支佛有二種：一名獨覺，二名因緣覺。」○《大乘義章》十四：「辟支，胡語，此方翻譯名因緣覺。藉現事緣而得覺悟，不假他教，名因緣覺。又於十二因緣法中，而得覺悟，亦名緣覺。」○或曰：「出於無佛世而能悟道，故名獨覺。值佛世，觀十二因緣而得道，故名緣覺。」

亦當不離是印而修道果。』

是印，指法印而言。○道，菩提也。果，涅槃也。涅槃由菩提之道而得者曰果。○《法華經・藥草喻品》：「漸次修行皆得道果。」

佛告文殊師利：『若人得聞是法，不驚不畏者，不從千佛所種諸善根，乃至百千萬億佛所久植德本，乃能於是甚深般若波羅蜜不驚不怖。』文殊師利白佛言：『世尊，修般若波羅蜜時，不見縛，不見解，而於凡夫乃至三乘不見差別相。』」

三乘者，一聲聞乘，又名小乘；二緣覺乘，又名中乘，又名辟支佛乘；三大乘，又名菩薩乘。○《五教章》上二：「大乘、中乘、小乘爲三乘。如小論中自有聲聞、緣覺法及佛法。」

言自凡夫以至佛皆一切平等，無高下淺深等之差別也。○《八十華嚴》三十七：「三界唯一心，心外别無法。心佛及衆生，是三無差别。」

《華嚴經》云：「彌勒菩薩指善財童子

彌勒，菩薩之姓也，譯曰慈氏。名阿逸多，譯曰無能勝。或以姓爲名，名爲姓。善財童子，福城長者之子，五百童子之一也。生時有種種珍寶涌出，故名。

告大衆言：『此長者子，曩於福城受文殊教，

文殊爲文殊師利之略稱。此菩薩常與普賢菩薩侍佛（釋迦佛）左右而居左也。

展轉經由諸善知識已，

自文殊菩薩處南行，遍參五十三位善知識（謂益友也）。

然後來至我所，發心救護一切衆生。爲四流漂汨者造大法船，

四流：一曰見流，三界之見惑也；二曰欲流，欲界之一切諸惑也；三曰有流，上二界（色界、無色界）之一切諸惑也；四曰無明流，三界之無明也。有情爲此四流所漂汨，故云四流也。大法者，大乘深妙之法。

爲被見泥没溺者立大法橋，

見，有偏見、邪見、斷見、常見等。言泥，以其易爲没溺也。

爲被痴暗昏迷者然大智燈，

痴暗爲三毒之一（貪、瞋、痴爲三毒）。大智，廣大之智慧也。

爲行生死曠野者開示聖道，

道，路也。

爲嬰煩惱重病者調和法藥，

嬰，觸也。三毒等煩心惱身，故云煩惱。〇《唯識述記》一本：「煩是擾義，惱是亂義。擾亂有情，故名煩惱。」法藥者，言妙法如藥，能醫衆苦也。法藥有三種：一世間法藥，五常、五行、三歸、五戒等；二出世間法藥，三學、四念處、七覺、八正道等；三出世間上上法藥，止觀也。

爲遭生老死苦者飲以甘露，

甘露，又名天酒。味甘如蜜，天人之所食，有青、黄、赤、白四種。〇《光明文句》五：「甘露是諸天不死之藥，食之者命長身安，力大體光。」

爲入貪恚痴火者沃以定水。

定心湛然，譬如止水，故名定水。

近惡友者示其善友，樂凡法者誨以聖法，

聖法，佛所説之法也。

著生死者令趣智城。

智城者，智慧之城郭。以譬佛果。

此長者子恒以此行救護衆生，發菩提心未嘗休息。

菩提心，舊譯爲道，新譯爲覺。發菩提心者，發道心、覺心也。

善男子，

彌勒菩薩稱大衆也。

餘諸菩薩經無量劫，

《祖庭事苑》：「日月歲數謂之時，成住壞空謂之劫。」○《法華論》：「示現五種劫：一者夜，二者晝，三者月，四者時，五者年。」○《釋迦氏譜》：「劫波，梵語，此土譯之爲長時也。」

乃能滿足菩薩願行，乃能親近諸佛菩提。此長者子，於一生内，具足成就。善男子，菩提心者，猶如種子能生一切諸佛法故。菩提心者，猶如良田能長衆生白浄法故。

白浄法者，一切善法之總稱，即白法也。○《大集經》五十一：「後五百年，鬥諍堅固，白法隱没。」

菩提心者，猶如大地能持一切諸世間故。菩提心者，猶如浄水能洗一切煩惱垢故。菩提心者，猶如大風普於世間無所礙故。菩提心者，猶如盛火能燒一切諸見薪故。

見有二見（斷見、常見）、四見（計一、計異、計亦一亦異、計非一非異）、五見（身見、邊見、邪見、見取見、戒禁取見）、七見（邪見、我見、常見、斷見、戒盜見、果盜見、疑見）、十見（身見、邊執見、邪見、見取見、戒禁取見、貪見、恚見、慢見、無明見、疑見）等，故曰諸見。

菩提心者，猶如帝王一切願中得自在故。菩提心者，猶如虛空諸妙功德廣無邊故。菩提心者，猶如蓮華不染一切世間法故。

言不染者，以世間法喻污泥也。

菩提心者，如如意珠

如意珠者，寶珠之名。可因之而求種種之物，故名如意珠。此珠出自龍王或摩竭魚之腦中，或云佛舍利所變成。○《觀佛三昧經》一：「金翅鳥之肉心爲如意珠。」

周給諸貧乏故。菩提心者，如功德瓶滿足一切衆生心故。菩提心者，如那羅延

那羅延，天上力士之名。○羅什云：「天力士名那羅延，端正猛健。」○《涅槃經疏》七：「那羅延此翻金剛。」

能摧一切我見敵故。菩提心者，如勇將幢

《大日經疏》九：「幢此翻爲旗，而其相稍異。」

能伏一切諸魔軍故。

魔軍，惡魔之軍兵也。○《法華經・化城喻品》：「其佛坐道場，破魔軍已。」

菩提心者，猶如涌泉生智慧水無窮盡故。菩提心者，則爲所歸不拒一切來者故。菩提心者，則爲義利能除一切衰惱事故。菩提心者，則爲妙寶能令一切心歡喜故。菩提心者，如大施會

大施會，即無遮大會也。○《維摩經・菩薩品》：「大施會，供養一切沙門、婆羅門及諸外道貧窮下賤孤獨乞人，期滿七日。」

充滿一切衆生心故。菩提心者，如佛支提

支提者，積聚之義。或言舍利，或言塔婆。義翻靈廟。世尊爲無量之福德積衆，故云佛支提。

一切世間應供養故。善男子，菩提心者，成就如是無量功德。舉要言之，三世如來，

三世，過去、未來、現在也。○如，真如也。乘真如之道，來三界而垂化，故名如來。

從菩提心而出生故。善男子，如人學射，先安其足，後習其法。菩薩摩訶薩亦復如是，

摩訶，此云大。摩訶薩，大菩薩也。

先當安住菩提之心，然後修行一切佛法。善男子，如人護身，先護命根。

《唯識述記》二本:「命謂色心不斷,是命之根也。」

菩薩摩訶薩護持佛法,亦當先護菩提之心。善男子,譬如有人命根若斷,不能利益父母宗親。菩薩摩訶薩捨菩提心,不能利益一切衆生,不能成就諸佛功德。善男子,譬如王子,雖於臣佐之中,未得自在,已具王相,不與一切諸臣佐等,以生處尊勝故。菩薩摩訶薩,雖於一切業煩惱中,未得自在,然已具足菩提之相,不與一切二乘齊等,

一切,指外道而言。二乘者,聲聞乘、緣覺乘也。聲聞乘者,聞佛之聲教,觀四諦而生空智(四諦者,苦、寂、滅、道也)。緣覺乘者,又名獨覺乘。機根鋭利,不聞佛之聲教,獨自觀十二因緣,生真空智,斷煩惱者也。

以種性第一故。

種,種子,發生之義也。性,性分,不改之義也。合言之曰種性。

善男子,譬如金剛,

此金剛,指金剛石言也。

雖破不全,一切衆寶猶不能及。菩提心金剛,雖復志劣,少有虧損,猶勝一切二乘功德。善男子,譬如金剛,非凡人之所得。菩提心金剛,非劣意衆生之所能得。善男子,譬如金剛,不識寶人,不知其能,不得其用。菩提心金剛,不知法人,不了

其能，不得其用。善男子，譬如金剛，餘不能持，唯金剛之所能持。

《大日經》一：「一切持金剛者，皆悉集會。」又云：「持金剛杵，故名爲金剛力士。」

菩提之心，聲聞、緣覺皆不能持，唯趣薩婆若者能持之。

薩婆若，唐言一切智。即般若波羅蜜之異名也。

善男子，若有衆生發阿耨多羅三藐三菩提心者，則獲如是勝功德法。』」

《優婆塞戒經》云：

《優婆塞戒經》，七卷，北涼曇無讖譯。

「在家之人發菩提心，

菩提，覺也，道也。求正覺之心爲菩提心。

勝於一切辟支佛果。出家之人發菩提心，此不爲難，何以故？在家之人，多惡因緣所纏繞故，發菩提心，諸天皆大驚喜。作如是言：『我今已得人天之師。』」

人天，人趣、天趣也。

《金剛經偈》云：

「偈」一作「頌」，此《金剛經偈》爲傅大士所作。

「寶滿三千界，

三千大千世界之略稱。○《俱舍論》十一：「千四大洲乃至梵世，如是總説，爲一小千。千倍小千爲一中千界，千中千界總名一大千。如是大千同成同壞，而一大千世界中含容小千、中千、大千之三種之千爲一大三千世界。又云三千大千世界。」

賫持作福田。唯成有漏業，

漏，煩惱之異名也。又漏者，流注漏泄之義。三界之有情，自眼耳等之六瘡門煩惱日夜自流注漏泄而不止，故名有漏。○《俱舍論》二十：「從有頂天至無間獄，由彼相續於六瘡門泄過無窮，故名爲漏。」○《大乘義章》五本：「流注不絶，其猶瘡漏，故名爲漏。」○《法華玄贊》一：「諸論皆云煩惱現行，令心連注流散不絶，名之爲漏。如漏器漏舍，深可厭惡。」

終不離人天。持經取四句，

四句，指偈而言。

與聖作良緣。欲入無爲海，

無爲，真理之異名也。○《無量壽經》上：「無爲泥洹之道。」○《清信士度人經》：「棄恩入無爲，真實報恩者。」

須乘般若船。」

般若者，度生死海之船筏也。

《月燈三昧經》云：「佛言：『若有菩薩能行般若，有十種利益。何等爲十？一一切

悉捨，不取施想；二持戒不缺，而不依戒；三住於忍力，

忍力者，忍辱之力也。○《法華經·序品》：「又見佛子住忍辱力，增上慢人惡罵捶打，皆悉能忍，以求佛道。」

而不住衆生想；

想，一作「相」。衆生相者，謂衆生於五藴法中，妄計色受想行識，衆共而生此身，是名衆生相。見《三藏法數》十五。

四行於精進，而離身心；五修禪定，而無所著；六魔王波旬，不能擾亂；

玄應《音義》曰：「第六天主名波旬，即釋迦佛出世時魔王。」

七於他言論，其心不動；八能達生死海底；

生死無邊際如大海，故曰生死海。○《止觀》一：「動法性山，入生死海。」

九於諸衆生，起增上悲；

總稱勢力之强者，曰增上。○悲，大悲也。起大悲救護衆生之心也。

十不樂聲聞、

佛之小乘法中之弟子，聞佛之聲教，悟四諦之理，斷見思之惑而入涅槃者，是佛道中之最下根也，是爲聲聞。○《勝鬘寶窟》上末：「聲聞者，下根從教立名，聲者教也。」

辟支佛道。』」

《大乘義章》十四：「辟支，胡語，此方翻譯名因緣覺。藉現事緣而得覺悟，不假他教，名因緣覺。又於十

二因緣法中而得覺悟，亦名緣覺。」○《法華玄贊》二：「辟支迦佛陀者，此云獨覺，略云辟支佛。」

達觀

《涅槃經》曰：「在家迫迮，

迮，音嘖，蹙也。

猶如牢獄，

《四十二章經》：「佛言：人繫於妻子舍宅，甚於牢獄。牢獄有散釋之期，妻子無遠離之念。」

一切煩惱，因之而生。出家寬廓，猶如虛空，一切善法，

五戒十善者，世間之善法也。三學六度者，出世間之善法也。淺深雖異，皆順理益己之法，謂之善法云。

因之增長。」

《十住毗婆沙論》云：

《十住毗婆沙論》，爲龍樹菩薩造，鳩摩羅什譯，凡十六卷。

「於此家中，父母兄弟，妻子眷屬，車馬等物，唯增貪求，無有厭足。家是難滿，如海吞流；家是無足，如火焚薪；家是無息，覺觀相續，

粗思名覺，細思名觀。○《智度論》二十三：「是覺觀撓亂三昧，以是故説此二事雖善而是三昧賊，難可捨離。粗心相名覺，細心相名觀。」

如空中風；家是後有惡，如美食有毒；家是苦性，如怨詐親；

《無量壽經》下：「怨家債主，焚漂劫奪。」○《佛遺教經》：「諸煩惱賊，常伺殺人，甚於怨家。」

家是障礙，能妨聖道；

聖道者，聖者之道也，總稱三乘所行之道。○《成實論》一：「聖道能破一切結使。」

家是鬥亂，共相違諍；家是多瞋，訶責好醜；家是無常，

一切世間法，生滅遷流，刹那不住，謂之無常。○《涅槃經》曰：「是身無常，念念不住，猶如電光暴水幻炎。」○《智度論》曰：「一切有爲法無常者，新新生滅故，屬因緣故。」

雖久失壞；家是衆苦，求衣食等方便守護；家是多疑處，猶如怨賊；家是無我，

言家是非我之物。

顛倒貪著，假名爲有；家是技人，

技人，作幻術之人，即幻師也。○《楞伽經》一：「如工幻師，依草木瓦石作種種幻，起一切衆生若干形色。」○《無量壽經》上：「譬如幻師，現衆異像，爲男爲女。」

雖以種種文飾莊嚴，現爲貴人，不久則莊嚴還作貧賤；家是變異，會必離散；家是假借，無有實事；家如夢，一切富貴，久則還失；家如朝露，須臾變滅；家如蜜滯，

滯音帝，如滴水也。

其味甚少；家如棘叢，受五欲味，惡刺傷人；家是針嘴蟲，不善覺觀，常唼食人；

《智度論》：「阿鼻地獄中，有鐵嘴毒蟲，從鼻中入，脚底出，從足下入，口中出。」

家汚浄命，

以清浄之心爲生命者，曰浄命。○《不思議疏》上：「浄命者，少欲知足之行。」

又多行欺誑；家是憂愁，心多濁亂。如是等患，不可具載。是故在家菩薩，當如是觀，知其家過。妻子眷屬，一切財物，不能作救作歸，非我善友，宜當捨之。」

又曰：「菩薩以真智慧，如是知施與已，

與，施予也。已，成也，事畢也。下同。

是我物；在家者，非我物。物施已，則堅牢；在家者，不堅牢。物施已，後世樂；在家，少時樂。物施已，不憂守護；在家者，有守護苦。物施已，愛心薄；在家者，增長愛。物施已，無我所；

我所，即我所有之略。○《無量壽經》下：「於其國土，所有萬物，無我所心。」○《俱舍論》二十二：「我所事者，謂衣服等。」

在家者，是我所。物施已，無所屬；在家者，有所屬。物施已，無所畏；在家者，多所畏。物施已，助菩提道；

《唯識述記》一本：「梵云菩提，此翻爲覺。覺法性故。」

在家者，助魔道。

《楞嚴經》六：「縱有多智禪定現前，如不斷淫，必落魔道：上品魔王，中品魔民，下品魔女。」

物施已，無有盡；在家，則有盡。物施已，從得樂；在家，從得苦。施已，捨煩惱；在家，增煩惱。施已，得大富樂；在家，不得大富樂。施已，大人業；在家，小人業。施已，諸佛所嘆；在家，愚痴所贊。」

《易》：「夫大人者，與天地合其德，與日月合其明，與四時合其序，與鬼神合其吉凶。」

言財物在家，愚痴所贊成。

又曰：「無始生死中，一切衆生曾爲我子，我亦曾爲彼子。有爲法中，無有決定此是我子，彼是他子。何以故？衆生於六道中，轉輪互爲父子。」

《俱舍論光記》五：「因緣造作，名爲。色心等法，從因緣生，有彼爲故，名曰有爲。」〇《俱舍論頌疏·界品》：「爲者作也。此有爲法，衆緣造作，故名爲。有彼爲故，名爲有爲。」

《慈悲道場懺法》云：「一切眷屬，皆是我等三世怨根。一切怨對，皆從親起。若無有親，亦無有怨。若能離親，即是離怨。何以故爾？若居異處，遠隔他鄉，如是二人，終不得起怨恨之心。得起怨恨，皆由親近，以三毒根相觸惱故。

三毒者，一貪毒，二瞋毒，三痴毒。〇《智度論》三十一：「有利益我者，生貪欲；違逆我者，而生瞋恚。此結使，不從智生，從狂惑生故，是名爲痴。三毒爲一切煩惱根本。」

或父母責望於子，或子責望父母，兄弟姊妹，一切皆然。小不適意，便生瞋怒。」

《大莊嚴經論》云：

《大莊嚴經論》，爲馬鳴菩薩造，鳩摩羅什譯，凡十五卷。

「佛與阿難行舍衛國

舍衛在中印度境，憍薩羅國之都城名。爲别南憍薩羅國，故以都城爲國之稱。

曠野之中，見有伏藏。

土中埋伏寶藏，曰伏藏。

佛告阿難：『是大毒蛇。』阿難白佛：『是惡毒蛇。』爾時田中有一耕人，聞佛、阿難説有毒蛇，即往視之，見真金聚，取歸驟富。王知糾舉，繫於獄中。先所得金，既已用盡，猶不得免。將加刑責，其人唱言：『惡毒蛇阿難，大毒蛇世尊。』王聞唤問：『何言毒蛇？』其人白王：『我於往日，在田耕種。聞佛、阿難説言毒蛇，往視得金，今實毒蛇。而説偈言：

偈音岐，每以四句爲一偈。○天台《仁王經疏》中：「偈者，竭也。攝意盡，故名爲偈。」

諸佛語無二，

《法華經・方便品》：「無二亦無三。」○言佛語之不可改易也。

説爲大毒蛇。惡毒蛇勢力，我今始證知。於佛世尊所，倍增信敬心。我今臨危難，是故稱佛語。毒蛇之所螫，止及於一身。財寶毒蛇螫，盡及家眷屬。我謂得大利，而反獲衰惱。』王聞偈已，深知是人信解佛語，即説偈言：『汝今能信敬，悲愍之大仙。所説語真實，未曾有二言。先所伏藏財，盡以用還汝。更復以財寶，而以供養汝。』」

《寶王三昧論》云：「一念身不求無病，身無病則貪欲易生；二處世不求無難，世無難則驕奢必起；三究心不求無障，

《釋摩訶衍論》曰：「障身爲鬼，障心爲神。」

心無障則所學躐等；四立行不求無魔，

《婆沙論》四十二：「問曰：『何故名魔？』答曰：『斷慧命，故名魔。復次，常行放逸害自身，故名魔。』」〇《義林章》六本：「梵云魔羅，此云擾亂、障礙、破壞。擾亂身心，障礙善法，破壞勝事，故名魔羅。此略云魔。」

行無魔則誓願不堅；

《探玄記》二：「隨心求義爲願，要契至誠爲誓。」

五謀事不求易成，事易成則志存輕慢；六交情不求益吾，

《禮》：「君子，不盡人之忠，不竭人之歡。」按：盡人之忠，竭人之歡，以求益吾，則非君子。

交益吾則虧損道義；七於人不求順適，人順適則心必自矜；八施德不求望報，德望

報則意有所圖；九見利不求沾分，利沾分則痴心亦動；十被抑不求申明，抑申明則怨恨滋生。

我受人之抑而不辯，則人之怨恨已平。若不受其抑，而申辯之，則人之怨恨我者愈深。

是故聖人設化，以病苦爲良藥，以患難爲逍遥，以遮障爲解脱，以群魔爲法侶，

法侶者，尊法之徒侶。即學徒也。

以留難爲成就，以敝交爲資糧，以逆人爲園林，以市德爲棄屣，以疏利爲富貴，以屈抑爲行門。如是居礙反通，求通反礙。是以如來，於障礙中得菩提道。至若鴦崛摩羅之輩，

《西域記》六：「鴦崛利摩羅，唐言指鬘，室羅伐悉底之凶人也。殺人取指，冠首爲鬘。」〇《賢愚因緣經》八：「鴦仇摩羅，晉言指鬘，周行斬害，到七日頭，方九百九十九，惟少一指，時欲害母，後佛度之。」

提婆達多之徒，

《法華義疏》九：「提婆達多，是斛飯王子。提婆此翻爲天，達多言熱。以其生時，諸天心熱，故名天熱。所以然者，諸天知其造三逆罪，破壞佛法，見其初生心生熱惱故，因以爲名。」

皆來作逆。而我佛悉與記莂，

嘉祥《義疏》八：「記者云決也，亦云莂也。所言決者，於九道中，分決此人，必當成佛，故云決也。莂義亦然。」〇玄應《音義》：「別，分別也。經文從草作莂，非也。」〇《演密鈔》四：「記別者，謂世尊記諸弟子未來生事，記因果也。」

化令成佛。豈非彼逆乃吾之順也，彼壞乃我之成也。而今時世俗學道之人，若不先居於礙，則障礙至時，不能排遣，使法王大寶，

《法華經·藥王品》：「如來是諸法之王。」〇《釋迦方志》上：「凡人極位，名曰輪王。聖人極位，名曰法王。」〇《維摩經》慧遠疏：「佛於諸法，得勝自在，故名法王。」〇《宋僧傳》之《一行傳》：「登前佛壇，受法王寶。」

由兹而失。可不惜哉！可不惜哉！」

無我

《圓覺經》云：

《圓覺經》，爲《大方廣圓覺修多羅了義經》之略名，唐罽賓國沙門佛陀多羅譯。

「我今此身，四大

四大，地、水、火、風也。

和合。所謂髮毛爪齒，皮肉筋骨，髓腦垢色，皆歸於地；唾涕膿血，津液涎沫，痰淚精氣，大小便利，皆歸於水；暖氣歸火；動轉歸風。四大各離，今者妄身，當在何處？即知此身，畢竟無體，和合爲相，實同幻化。

幻化即空法十喻之二，幻爲幻人之所作，化爲佛菩薩通力之變化也。

四緣假合，

四緣，新譯作因緣、等無間緣、所緣緣、增上緣。

妄有六根。

六根者，眼、耳、鼻、舌、身、意之六官也。根能生之義，眼根對色境而生眼識，以及意根對於法境而生意識，皆名根。〇《大乘義章》四：「六根者，對色名眼，乃至第六對法名意，此之六能生六識。故名爲根。」

六根四大，中外合成，妄有緣氣，於中積聚，似有緣相，假名爲心。善男子，此虚妄心，若無六塵，

六塵者，色、聲、香、味、觸、法也。〇《浄心戒觀》下：「云何名塵？坌污浄心，觸身成垢，故名塵。」〇《法界次第》上之上：「塵以染污爲義，以能染污情識，故通名爲塵也。」

則不能有。四大分解，無塵可得。於中緣塵，各歸散滅，畢竟無有緣心可見。善男子，彼之衆生，幻身滅故，幻心亦滅；幻心滅故，幻塵亦滅；幻塵滅故，幻滅亦滅；幻滅滅故，非幻不滅。

明釋通潤曰：「非幻不滅者，所謂離幻即覺也。良由衆生内爲意識所使，身見所持，故頭頭妄認，生遍計執。必須去盡識情，而清浄覺體光明始露。」〇《金剛三昧經》云：「若得空心，心不幻化。然對前妄盡，釋云真如。若以本宗，但名圓覺。」

譬如磨鏡，垢盡明現。

唐釋宗密曰：「雖云磨鏡，却是磨塵。所言修道，只是遣妄。夫鏡性本明，非從外得。塵覆則隱，磨之則

顯。隱顯雖殊，明性不異。今謂人執法執是垢，尋伺如實是磨，真心本覺是明，人法二空是現。」

《慈悲道場懺法》曰：「今日道場同業大衆，宜各人人起覺悟意。念世無常，形不久住，少壯必衰，勿恃容姿，自處污行。萬物無常，皆當歸死，天上天下，誰能留者？年少顏色，肌膚鮮澤，氣息香潔，是非身保。人生合會，必歸磨滅，生老病死，至來無期，誰當爲我却除之者？災害卒至，

卒，音猝，急也，匆遽之貌。如倉卒、迫卒等類。

不可得脱，一切貴賤，因此死已。身體膀脹，

膀，音龐。《博雅》：「腫也。」

臭不可聞，空愛惜之，於事何益？若非勤行勝業，

勝業者，勝妙之行業也。○《俱舍論》三十六：「遍悟所知成勝業。」

無由出離。某等自惟形同朝露，命速西光；

夕陽西下所餘之光明，謂之西光。

生世貧乏，無德可稱。智無大人神聖之明，識無聖人洞澈之照，言無忠和仁善之美，行無進退高下之節。謬立斯志，勞倦仁者。

《中庸》：「仁者，人也。」○《法華經・序品》：「四衆龍神，瞻察仁者。」

仰屈大衆，慚懼交心。既法席有期，

法席指道場而言。

追戀無及，從此一别，願各努力。專意朝夕，親奉供養，勤加精進，唯是爲快。仰願大衆，各秉其心，被忍辱鎧，

鎧，甲也。

入深法門。」

《注維摩經》八：「肇曰：『言爲世則謂之法，衆聖所由謂之門。』」○《法界次第》中：「門謂能通。」○《增一阿含經》十：「如來開法門，聞者得篤信。」○《法華經・方便品》：「以種種法門，宣示佛道。」

《大莊嚴經》云：「親友婆羅門，

慧琳《音義》二十六：「婆羅門此俗人也。謂浄行高貴捨惡法之人，博學多聞者也。」○《倶舍光記》一：「婆羅門法：七歲以上，在家學問；十五已去學婆羅門法，遊方學問；至年四十，恐家嗣斷絶，歸家娶妻，生子繼嗣；年至五十，入山修道。」

語憍尸迦言：

《智度論》五十六：「昔摩伽陀國中，有婆羅門，名摩伽，姓憍尸迦。有福德大智慧。知友三十三人，共修福德。命終皆生須彌山頂第二天上，摩伽婆羅門爲天主，三十三人爲輔臣。以三十三人故，名爲三十三天。唤其本姓，故言憍尸迦。」

『佛説一切法中，悉無有我。』時憍尸迦答言：『我見佛法，生死無際，一切無我故。

若人計我，終不得能解脱之道。若知無我，則無貪欲，便得解脱。』於時親友語憍尸迦：『有縛則有解。汝説無我，則無有縛。若無有縛，誰得解脱？』

《大藏一覽》十：「三十一祖道信大師見璨，問曰：『願和尚乞與解脱法門。』璨曰：『誰縛汝？』曰：『無人縛。』璨曰：『何更求解脱乎？』師言下大悟。」

憍尸迦言：『雖無有我，而有解縛。何以故？煩惱覆故，則爲所縛。若斷煩惱，則得解脱。』諸婆羅門復作是言：『若無我者，誰至後世？』憍尸迦語諸人言：『從於過去煩惱諸業，得現在身。從今現在復造諸業，得未來身。譬如穀子，衆緣和合，故得生芽。然此種子，實不生芽，種子滅故，芽便增長。子滅故不常，芽生故不斷。佛説受身，亦復如是。雖復無我，業報不失。』」

應善惡之業因，得苦樂之果報，曰業報。〇《寶積經》九十六：「閻羅常告彼罪人，無有少罪我能加。汝自作罪今日來，業報自招無代者。」〇《法華經・序品》：「善惡業緣，受報好醜。」

歸向

《華嚴經》云：「自歸於佛，

一切之佛陀，佛寶也。佛陀所説之教法，法寶也。隨其教法而修業者，僧寶也。佛，覺知之義；法，法軌之義；僧，和合之義也。

當願衆生，紹隆佛種，發無上意。

《善見律》一：「無上者，諸法無能勝也。」○《華嚴大疏鈔》十三：「無有能過者，故號爲無上。」○《浄土論注》：「無上者，此道窮理盡性更無過者。」

自歸於法，當願衆生，深入經藏，智慧如海。自歸於僧，當願衆生，統理大衆，一切無礙。」

又曰：「假使乾草，積同須彌，

《維摩經注》曰：「須彌山，天帝釋所住金剛山也。處大海之中。」

投芥子火，必皆燒盡。何以故？火能燒故。種少善根，

身、口、意三業之善固而不可拔，謂之根。又生善能之妙果而生餘善，亦曰根。○《維摩經・菩薩行品》：「不惜軀命，種諸善根。」注：「什曰：『謂堅固善心，深不可拔，乃名根也。』」○《大集經》十七：「善根者，所謂欲善法。」

亦復如是，必能燒盡一切煩惱，

貪欲、瞋恚、愚痴等諸惑，煩心惱身，謂之煩惱。○《智度論》曰：「煩惱者，能令心煩，能作惱故。」○《維摩經・菩薩行品》曰：「以智慧劍，破煩惱賊。」○《金光明經》曰：「以智慧刀，裂煩惱網。」

究竟涅槃。

事理之至極，曰究竟。○《三藏法數》六：「究竟猶至極之義。」

何以故？此少善根性究竟故。」

又曰：「一切衆生，若有得見如來色身，眼得清淨。若有得聞如來名號，耳得清淨。若有得嗅如來戒香，

戒香者，譬熏戒德四方之香也。○《觀無量壽經》：「戒香熏修。」○《戒香經》：「世間所有諸華香，乃至沉檀龍麝香，如是等香非遍聞，唯聞戒香遍一切。」

鼻得清淨。若有得嘗如來法味，

法味者，妙法之滋味也。咀嚼妙法而生快樂之心，故謂之法味。○《華嚴經》二十五：「法味增益，常得滿足。」○《藥師經》：「先以淨妙飲食飽足其身，後以法味畢竟安樂。」

舌得清淨，具廣長舌，

廣長舌爲三十二相之一。○《智度論》八：「問曰：『如佛世尊，大德尊重。何以故出廣長舌，似如輕相？』答曰：『舌相如是，語必真實。如昔佛出廣長舌，覆面上至髮際，語婆羅門言：汝見經書，頗有如此舌人而作妄語不？婆羅門言：若人舌能覆鼻，無虚妄。何況至髮際？我心信佛，必不妄語。』」

解語言法。若有得觸如來光者，

《法華經·序品》：「爾時佛放眉間白毫相光，照東方萬八千世界，靡不周遍。」

身得清淨，究竟獲得無上法身。

法身者，佛之真身也。○《唯識論》曰：「即此自性，亦名法身，大功德法所依止故。」○《述記》曰：「離所知障，具無邊德，名爲法身。」○《維摩經》慧遠疏曰：「佛以一切功德法成，故名法身。」○《大乘義章》曰：「言法身者，解有兩義：一顯本法性以成其身，名爲法身；二以一切諸功德法而成身，故名爲法身。」

若於如來生憶念者，則得念佛三昧清浄。若有供養如來所經土地及塔廟者，亦具善根，滅除一切諸煩惱患，得賢聖樂。設有衆生，見聞於佛，業障纏覆，不生信樂，亦種善根，無空過者，乃至究竟入於涅槃。復次，應知於如來所，見聞親近所種善根，皆悉不虛。出生無盡覺慧故，

《大乘義章》二十末：「有兩義：一覺察名覺，如人覺賊；二覺悟名覺，如人睡寤。覺察覺對煩惱障，煩惱侵害，事等如賊，唯聖覺知不爲其害，故名爲覺。覺悟覺對其智障，無明昏寢，事等如睡，聖慧一起，翻然大悟，如睡得寤，故名爲覺。」○《大乘義章》二十：「就實以論，真心體明，自性無暗，目之爲慧。」

離於一切障難故，決定至於究竟故。譬如丈夫，

勇健之人，勇進正道不退而修行者，是名丈夫。

食少金剛，

《梵網經古迹》上：「金中精牢，名曰金剛。」○《三藏法數》四十一：「梵語跋折羅，華言金剛。此寳出於金中，色如紫英，百煉不銷，至堅至利，可以切玉，世所希有，故名爲寳。」○南本《涅槃經》二十二：「如金剛寳置之日中，色則不定。金剛三昧，亦復如是。」

終竟不銷，要穿身出。何以故？金剛不與肉身雜穢，而同止故。種少善根，

少，《説文》：「不多也。」

亦復如是，穿煩惱身，過究意處。何以故？善根不與煩惱共故。」

《泥洹經》云：「佛告阿難：『若有衆生於諸佛所，一發信心，如是善根，終不敗亡，何況復作諸餘善根？譬如有人，毛端沾一滴水，持至我所，而作是言：我以此水寄付瞿曇，

《西域記》云：「喬答摩舊云瞿曇，訛略也。」古翻甘蔗、泥土等，南山曰非也。瞿曇星名，從星立稱。至於後代，改姓釋迦。

莫令風日飄暴乾竭，不令鳥獸飲之令盡，勿使異水而有和雜。如來即受彼寄，置恒河中，

《智度論》七：「恒河是佛生處、遊行處，弟子現見，故以爲喻。復次，諸人經書皆以恒河爲福德吉河，若入中洗者，諸罪垢惡，皆悉除盡。以人敬事此河，皆共識知，故以恒河沙爲喻。復次，餘河名字屢轉，此恒河世世不轉，以是故以恒河沙爲喻，不取餘河。」

隨流而去，使不入洄，復無遮礙。諸鳥獸等，不能飲盡。如是水滴，共大水聚，漸入大海。毗嵐風起，

毗嵐，暴風之名。○《慧琳音義》十三：「吠嵐僧伽，劫灾時大猛風名也。此風猛暴，能壞世界。」

壞世界時，而來我所，言所寄水，今有無耶？如來知我水滴住處，不雜餘水，不增不減，平等如故，持還彼人。如是如來，應正遍知，

《智度論》二：「云何名三藐三佛陀？三藐名正，三名遍，佛名知，是言正遍知一切法。」○《涅槃經》十八：「云何正遍知？正名不顛倒，遍知者，於四顛倒無不通達。」

大智多能，於受寄人中最尊最勝。經於久遠，而不虧損。此義應知。毛端者，喻心意識。

《俱舍論》四："「集起故名心，思量故名意，了別故名識。心意識三名，所詮義雖有異，而體是一如。」

恒河者，喻生死流。一滴水者，喻一發微少善根。大海者，喻佛如來。所寄人者，喻彼長者居士等。

《法華玄贊》十："「心平性直，語實行敦，齒邁財盈，名爲長者。」〇慧遠《維摩經疏》一："「居士有二："一廣積資財，居財之士，名爲居士；二在家修道，居家道士，名爲居士。」

久遠不虧者，喻善根不失。』」

《六祖法寶壇經》曰："「善知識，今發四弘願了，

願度無邊衆生，願斷無邊煩惱，願學無盡法門，願成無上佛道，是名四弘願。

更與善知識，授無相三歸依戒。

《涅槃經》三十："「涅槃名爲無相。以何因緣，名爲無相？善男子，無十相故。何等爲十？所謂色相、聲相、香相、味相、觸相、生、住、壞相、男相、女相，是名十相。無如是相，故名無相。」〇《維摩經》淨影疏："「諸法悉空，名爲無相。」

善知識，歸依覺，

覺，見前「覺慧」注。

兩足尊。

《法華玄贊》三：「佛於二足、多足、無足一切中尊。今云兩足尊，於三類中兩足爲貴，能入道故。謂人天類，佛亦兩足，故言兩足尊。」○《法華》嘉祥疏四：「兩足尊者，或以戒定爲二足，或以權實爲二足，或以福慧爲二足，或以解行爲二足，此皆内德之二足也。外形以天人爲二足，佛是天人二足尊也。」

歸依正，

正，真正之道法也。○《無量壽經》上：「弘宣正法。」

離欲尊。

離貪欲、淫欲，謂之離欲。○《法華經・普門品》：「若有衆生，多於淫欲，常念恭敬觀世音菩薩，便得離欲。」○《四十二章經》：「離欲寂静，是最爲勝。」

歸依淨，

淨，清淨也。○《俱舍論》十六：「諸身語意三種妙行，名身語意三種清淨。暫永遠離一切惡行煩惱垢，故，名爲清淨。」○《探玄記》四：「三業無過，云清淨。」

衆中尊。

《佛説十號經》：「天人凡聖，世出世間，咸皆尊重，故曰世尊。」

從今日去，稱覺爲師，終不歸依邪魔外道。

邪惡之魔鬼與佛法外之行者，謂之邪魔外道。○《藥師經》下：「信世間邪魔外道，妖孽之師，妄説禍福。」

以自性三寶，常自證明，勸善知識，歸依自性三寶。佛者覺也，法者正也，僧者淨

也。自心歸依覺，邪迷不生，少欲知足，能離財色，名兩足尊。自心歸依正，念念無邪見，

邪見爲五見之一。

以無邪見故，即無人我貢高，

貢高，《廣雅》：「貢，上也。」

貪愛執著，名離欲尊。自心歸依淨，一切塵勞愛欲境界，

塵勞爲煩惱之異名。貪瞋等之煩惱，坌穢真性，勞亂身心也。○《維摩》慧遠疏：「煩惱坌污名之爲塵。彼能勞亂，説以爲勞。」○長水《楞嚴疏》一上：「染污故名塵，擾亂故名勞。」

自性皆不染著，名衆中尊。若修此行，是自歸依。凡夫不會，

《法華經》：「凡夫淺識，深著五欲。」○《大威德陀羅尼經》：「於生死迷惑流轉，住不正道，故名凡夫。」○《佛性論》：「凡夫以身見爲性。」

從日至夜，受三歸戒。若言歸依佛，佛在何處？若不見佛，憑何所歸？言却成妄。善知識，各自觀察，莫錯用心。經文分明，言自歸依佛，不言歸依他佛。自佛不歸，無所依處。今既自悟，各須歸依自心三寶。内調心性，外敬他人，是自歸依也。」

《六祖法寶壇經》曰：「善知識，既歸依自三寶竟，各各志心，吾與説一體三身自

性佛，

天台《光明玄義》：「法、報、應是爲三，三種法聚，故名身。所謂理法聚名法身，智法聚名報身，功德法聚名應身。」○《止觀》六：「就境爲法身，就智爲報身，起用爲應身。」○佛覺悟也，一切衆生，皆有覺悟之性，是爲佛性。佛性者，即自性佛也。

令汝等見三身，了然自悟自性，

《起信論義記》中本：「自性清淨心，名如來藏。」

總隨我道。於自色身歸依清淨法身佛，於自色身歸依圓滿報身佛，於自色身歸依千百億化身佛。

化身即應身。

善知識，色身是舍宅，不可言歸。向者三身佛，在自性中，世人總有。爲自心迷，不見内性，

内性，指身内之佛性而言。

外覓三身如來，不見自身中有三身佛。汝等聽說，令汝等於自身中見自性有三身佛。此三身佛，從自性生，不從外得。何名清淨法身佛？世人性本清淨，萬法從自性生。思量一切惡事，即生惡行；思量一切善事，即生善行。如是諸法在自性中，如天常清，日月常明，爲浮雲蓋覆，上明下暗。忽遇風吹雲散，上下俱明，萬象

皆現。世人性常浮游，如彼天雲。善知識，智如日，慧如月，智慧常明。於外著境，

心情事物纏綿而不離者曰著。有愛著、執著、貪著等。○《大乘義章》二：「纏愛不捨名著。」○《釋門歸敬儀》中：「著是病根。」○《法華經・方便品》：「吾從成佛以來，種種因緣，種種譬喻，廣演言教，無數方便，引導衆生，令離諸著。」

被妄念浮雲蓋覆，自性不得明朗。若遇善知識，聞真正法，

正法者，真正之道法也。○《無量壽經》上：「弘宣正法。」

自除迷妄，内外明徹，於自性中，萬法皆現。見性之人，

見自心之佛性，曰見性。達摩之《悟性論》，直指人心，見性成佛，教外别傳，不立文字。

亦復如是。此名清淨法身佛。善知識，自心歸依自性，是歸依真佛。自歸依者，除却自性中不善心、嫉妒心、諂曲心、吾我心、誑妄心、輕人心、慢他心、邪見心、貢高心，

貢高，《廣雅》：「貢，上也。」

及一切時中不善之行。常自見己過，不説他人好惡，是自歸依。常須下心普行恭敬，即自見性通達，更無滯礙，是自歸依。何名圓滿報身？譬如一燈能除千年暗，一智能滅萬年愚。莫思向前，已過不可得，常思於後，念念圓明，自見本性；

本性者，本來固有之性德也。○《圓覺經》：「若此覺心，本性清淨，因何染污？」

善惡雖殊，本性無二；無二之性，名爲實性，

實性爲真如之異名。○《仁王經》中：「諸法實性，清淨平等，非有非無。」又《仁王經》良賁疏：「諸法實性者，諸法性也。」

於自性中不染善惡，此名圓滿報身佛。自性起一念惡，滅萬劫善因。自性起一念善，得恒河沙惡盡。直至無上菩提，念念自見，不失本念，名爲報身。何名千百億化身？若不思萬法，性本如空。一念思量，名爲變化。思量惡事，化爲地獄，

《大乘義章》八末：「言地獄者，就處名也。地下牢獄，是其生處，故云地獄。」

思量善事，化爲天堂。

天堂者，天上之宫殿也。○《法華玄義》一：「釋論云：三界無別法，唯是一心作。心能地獄，心能天堂，心能凡夫，心能賢聖。」

毒害化爲龍蛇，慈悲化爲菩薩。智慧化爲上界，

色界天、無色界天名上界。

愚痴化爲下方。

下方即下界也。指人界而言。

自性變化甚多，迷人不能省覺。念念起惡，常行惡道。

乘惡行而往之道途，曰惡道。如地獄、畜生等。○《大乘義章》八末：「地獄等報，爲道所語，故名爲道。故《地持》言：『乘惡行往，名爲惡道。』」

回一念善，智慧即生。此名自性化身佛。善知識，法身本具，念念自性自見，即是

報身佛，從報身思量即是化身佛。自性自修自性功德，

《六祖壇經》：「韋公曰：『弟子聞達摩初化梁武帝。帝問云：「朕一生造寺度僧，布施設齋，有何功德？」達摩言：「實無功德。」弟子未達此理，願和尚爲説。』祖曰：『實無功德，勿疑先聖之言。帝心執著，不知正法。造寺度僧，布施設齋，名爲求福，不可將福便爲功德。功德在法身中，不在修福。』祖又曰：『見性是功，平等是德。念念無滯，常見本性真實妙用，名爲功德。內心謙下是功，外行於禮是德；自性建立萬法是功，心體離念是德；不離自性是功，應用無染是德。若覓功德法身，但依此作，是真功德。若修功德之人，心即不輕，當行普敬。心常輕人，吾我不斷，即自無功。自性虛妄不實，即自無德。爲吾我自大，常輕一切故。善知識，念念無間是功，心行平直是德；自修性是功，自修身是德。善知識，功德須自性内見，不是布施供養之所求也。是以福德與功德别。』」

是真歸依。皮肉是色身，色身是舍宅，不言歸依也。但悟自性三身，即識自性佛。」

《大方便經》云：「三歸是三業性，身、口、意業也。」

又云：「三寶爲所歸，所歸以救護爲義。譬人有罪於王，投向異國，以求救護。異國王言：『汝來無畏。莫出我境，莫違我教，必相救護。』衆生亦爾，繫屬於魔，

繫，繫縛也。○《義林章》六本：「梵云魔羅，此云擾亂、障礙、破壞。擾亂身心，障礙善法，破壞勝事，故名魔羅。此略云魔。」○《玄應音義》二十一：「梵云魔羅，此翻名障。能爲修道，作障礙故。亦言殺者，常行

放逸斷慧命故。或云惡者，多愛欲故。」

有生死罪。歸向三寶，以求救護。若誠心三寶，更無異向，不違佛教，魔王邪惡，無如之何！」

佛性

《六祖法寶壇經》曰：「時祖師見廣韶洎四方士庶駢集山中聽法，於是升座，告衆曰：『來，諸善知識，此事須從自性中起。於一切時，念念自淨其心，

梵語之刹那，譯曰念。刹那者，時之極少也。凡物之能變化於極少時者，莫如心念，故以刹那譯爲念字。念念者，刹那刹那也。○《探玄記》：「刹那者，此云念頃。」○《維摩經・方便品》：「是身如電，念念不住。」○《無量義經》：「諸法本來空寂，代謝不住，念念生滅。」

自修自行，見自己法身，見自心佛，自度自戒，始得。本不假到此，既從遠來，一會於此，皆共有緣。今可各各胡跪，

胡跪者，胡人跪坐之法也。○《慧琳音義》三十六：「胡跪，右膝著地，豎左膝危坐。或云互跪也。」

先爲傳自性五分法身香，

以五種之功德法而成佛身，謂之五分法身。一戒，如來之身口意三業，離一切之過非，名曰戒法身。二定，如來之真性寂靜，離一切之妄念，名曰定法身。三慧，如來之真智圓明而觀達法性，名曰慧法身。此三種即根本智也。四解脱，以如來之心身解脱一切之繫縛也，名曰解脱法身。即涅槃之德也。五解脱

知見，已實知解脱也，名曰解脱知見法身。此二種即後得智也。此五種之次第，由戒生定，由定生慧，由慧得解脱，由解脱而得解脱知見。一至三，從因受名；四至五，從果受號，皆爲佛之功德。以此五法，可成佛身，故謂之五分法身。

次授無相懺悔。』衆胡跪。師曰：『一戒香，即自心中無非無惡、無嫉妒、無貪瞋、無劫害，名戒香。二定香，即睹諸善惡境相，自心不亂，名定香。三慧香，自心無礙，常以智慧觀照自性，不造諸惡，雖修衆善，心不執著，敬上念下，矜恤孤貧，名慧香。四解脱香，即自性無所攀緣，不思善，不思惡，

《六祖壇經》：「惠能云：『汝既爲法而來，可屏息諸緣，勿生一念，吾爲汝説。』明良久。惠能云：『不思善，不思惡，正與麽時，那個是明上座本來面目？』惠明言下大悟。」

自在無礙，名解脱香。五解脱知見香，自性既無所攀緣善惡，不可沉空守寂，即須廣學多聞，識自本性，

識，了知也。○《唯識論》曰：「識謂了别。」○識自己之本性也。

達諸佛理，

《四十二章經》：「達佛深理。」

和光接物，

《老子》：「和其光，同其塵，是謂玄門。」佛者假老氏説，謂和佛菩薩威德之光，近諸惡人，示現種種之身，以顯其義，如《法華經》之「觀音普門」是也，是爲和光同塵。○《止觀》六之二：「和光同塵，結緣之始。八

相成道，以論其終。」○《涅槃經》六：「是人爲欲調伏如是諸比丘故，與其和光不同其塵。」

無我無人，直至菩提，真性不易，名解脱知見香。善知識，此香各自内熏，

衆生以本覺之真如，而熏習無明。其後厭生死之苦，求涅槃之樂，謂之内熏。佛菩薩之教法，及自身之修行，謂之外熏。○《起信論》：「熏習義者，如世間衣服實無於香，若人以香而熏習故，則有香氣。」○同《義記》：「明真如内熏無明，令成浄業。」○《輔行》四：「自非内熏，何能生悟？故知生悟力在真如，故以冥熏爲外護也。」○《法華文句》一：「内熏自悟。」

莫向外覓。」

《宗鏡録》云：

《宗鏡録》，凡百卷，宋慧日永明寺智覺禪師延壽集。

「心能作佛，心作衆生，心作天堂，心作地獄。心異則千差競起，心平則法界坦然，

心凡則三毒縈纏，

三毒，即貪、瞋、痴也。

心聖則六通自在，

《俱舍論》二十七：「通有六種：一神境智證通，二天眼智證通，三天耳智證通，四他心智證通，五宿住隨念智證通，六漏盡智證通。雖六通中第六唯聖，然其前五異生亦得（異生，凡夫也）。」○《大乘義章》二十本：「一名身通，二名天眼，三名天耳，四他心智，五宿命，六漏盡通。」○《法界次第》中上：「一天眼通，二

天耳通，三知他心通，四宿命通，五身如意通，六漏智通。」

心空則一道清浄，

《維摩經・弟子品》：「諸法究竟無所有，是空義。」〇《大乘義章》二：「空者就理彰名，理寂名空。」又曰：「空者理之別目，絶衆相故名爲空。」〇心離自障，空寂無相，謂之心空。〇《仁王經》中：「空慧寂然無緣觀，還照心空無量境。」〇一道者，一實之道也。〇《六十華嚴經》六：「一切無礙人，一道出生死。」〇《八十華嚴經》十三：「諸佛世尊，唯以一道而得出離。」〇《涅槃經》十三：「實諦者，一道清浄，無有二也。」

心有則萬境縱横。

《大乘義章》八：「生死果報，是有不無，故名爲有。」〇晉《華嚴經》十：「心如工畫師，畫種種五陰。」〇《心地觀經》八：「心如畫師，能畫種種色故。心如僮僕，爲諸煩惱所策役故。心如國王，起種種事得自在故。心如怨賊，能令自身受大苦故。」

善因終值善緣，惡行難逃惡境。蹈雲霞而飲甘露，非他所授；

此即天堂。

臥煙焰而啖膿血，皆自能爲。

此即地獄。

非天之所生，非地之所出，只在最初一念。」

《華嚴經》曰：「一念發起菩提心，勝於造立百千塔。寶塔破壞成微塵，菩提心熟成佛道。」

《涅槃經》云：「一切衆生，不退佛性，

佛，覺悟也。一切衆生皆有覺悟之性，謂之佛性。性，不改之義也。〇《華嚴經》三十九：「佛性甚深真法性，寂滅無相同虚空。」〇《涅槃經》二十七：「一切衆生，悉有佛性。如來常住，無有變易。」

名之爲有，決定得故。譬如王者，告一大臣：『汝牽一象，以示盲者。』時彼衆盲，各以手觸。王問之曰：『象爲何類？』其觸牙者，即言象形如蘆菔根；

蘆菔即蘿蔔。

其觸耳者，言象如箕；

箕音基。揚米去糠之具，俗稱簸箕。掃除所用以受塵土者，亦謂之箕。

其觸頭者，言象如石；其觸鼻者，言象如杵；

杵音處，舂杵也。《易》：「斷木爲杵。」

其觸脚者，言象如臼；其觸脊者，言象如床；其觸腹者，言象如甕；

甕，音瓮。《説文》：「汲瓶也。」

其觸尾者，言象如繩。善男子，如彼衆盲，不説象體，亦非不説。若是衆相悉非象者，

言上之如蘆菔根、如箕、如石、如杵、如臼、如床、如瓮、如繩衆相，皆非象之真相也。

離是之外，更無别象。善男子，王喻如來正遍知也，臣喻此經，象喻佛性，盲喻一切無明衆生。是諸衆生，聞佛説已，或作是言：色是佛性。

色，變壞之義，變礙之義。〇《俱舍論》一：「由變壞故，變礙故，名爲色。」〇言衆生錯認色爲佛性也。

何以故？是色雖滅，次第相續，是故獲得如來三十二相，

佛雖現色身而爲三十二相，至涅槃時，則皆無矣。而衆生不知此理。〇三十二相，詳見《涅槃經》。

如來色常。如來色者，常不斷故。

衆生以如來色相，常不斷滅，乃衆生之妄見也。

乃至受想行識，亦復如是。

前言衆生以色爲佛性，此言衆生或以受爲佛性，或以想爲佛性，或以行爲佛性，或以識爲佛性，故曰亦復如是。此言衆生之妄見也。

善男子，如彼盲人，各各説象，雖不得實，非不説象。説佛性者，亦復如是。

言衆生以色爲佛性，及以受想行識爲佛性者，皆爲妄見，與盲人説象無異。

非即六法，

六法，指色、受、想、行、識，及我而言。

不離六法，是故我説衆生

即我告衆生也。

佛性非色不離色，乃至非我不離我。

乃至，超越中間之辭。即省去「佛性非受不離受，佛性非想不離想，佛性非行不離行，佛性非識不離識」也。

衆生

即「我説衆生」之省文也。

我者，即是五陰，

五陰即五藴也。

離陰之外，更無别我。譬如墻壁草木，合之爲舍，離是之外，更無别舍。」

淨土

《楞嚴經》曰：「十方如來，憐念衆生，如母憶子。若子逃逝，雖憶何爲？子若憶母，如母憶時，母子歷生，不相違遠。若衆生心，憶佛念佛，現前當來，必定見佛，去佛不遠。不假方便，自得心開。如染香人，身有香氣。此則名曰香光莊嚴。

香光莊嚴者，謂心念佛，則佛隨逐吾身，猶染香氣，則香氣在人之身也。

我本因地以念佛心入無生忍，

佛道修行之位，曰因地。○《智度論》五十：「無生忍法者，於無生滅諸法實相中，信受通達無礙不退，是名無生忍。」○《仁王經》良賁疏：「言無生者，謂即真理。智證真理，名無生忍。」

今於此界，攝念佛人歸於淨土。」

淨土，聖者所住之國土也。不染五濁之垢染，故曰淨土。○《大乘義章》十九：「經中或時名佛地，或稱佛界，或云佛國，或云佛土，或復説爲浄剎、浄界、浄國、浄土。」

《阿彌陀經》曰：

《阿彌陀經》，爲《佛説阿彌陀經》之略名，凡一卷，姚秦三藏法師鳩摩羅什譯。

「從是西方過十萬億佛土，有世界名曰極樂。

極樂，佛土之名，一作安樂。○《鼓音聲經》：「西方安樂世界，今現有佛號阿彌陀，其國號曰清泰，聖王所住。」○《觀音授記經》：「西方過此億百千剎，有世界名安樂，其國有佛號阿彌陀。」○《秘藏記》上：「華藏世界者，最上妙樂在其中，故曰極樂。當知極樂與華藏，雖名異而非異所。」

其土有佛號阿彌陀，

《阿彌陀經》：「彼佛光明無量，照十方國無所障礙，是故號爲阿彌陀。」○《阿彌陀部心集》：「阿即空之義也，彌者即假之義也，陀者即中之義也。」○唐釋慧海《語録》：「法明問曰：『阿彌陀佛有父母及姓否？』師曰：『阿彌陀姓憍尸迦，父名月上，母名殊勝妙顔。』曰：『出何教文？』師曰：『出《陀羅尼集》。』法明禮謝，贊嘆而退。」

今現在説法。」

《法華經》：「衆聖之王，説法教化。」○《法華玄義》六：「諸法不可示，言辭相寂滅，有因緣故亦可説。」

又曰：「不可以少善根福德因緣，得生彼國。若人聞説阿彌陀佛，執持名號，若一日，至若七日，一心不亂。其人臨命終時，阿彌陀佛與諸聖衆，現在其前。是人終時，心不顛倒，即得往生。」

《往生集》一：「晉慧遠見阿彌陀佛身滿虛空，圓光之中，無量化佛，觀音、勢至左右侍立。又見水流光明分十四支，洄注上下，演説妙法。佛言：『我以本願力故，來安慰汝。汝七日後當生我國。』又見佛陀耶舍、慧持、慧永、劉遺民，在佛之側，揖曰：『師志在先，何來之晚耶？』既知時至，謂門人曰：『吾始居此，三睹聖相。今復再見，當生浄土必矣。』至期，端坐入寂。時義熙十二年八月六日也。」

《觀無量壽經》曰：「若有衆生，願生彼國者，發三種心，即便往生。何等爲三？一者至誠心，

至誠心者，即實行衆生。至之言專，誠之言實。○善導釋曰：「身禮拜彼佛，口稱揚彼佛，意觀察彼佛。三業真實，故名至誠心。」

二者深心，

深者，佛果深高，以心往求，故云深心。亦從深理生，亦從厚樂善根生。故《十地經》云：「入深廣心。」《涅槃經》云：「根深難拔，故曰深心。」

三者迴向發願心。

凡所作爲一切善根，悉皆迴願往生，故名迴向發願心。

具三心者，必生彼國。」

具此三心，必得生也。若少一心，即不得生。

《華嚴經》曰：「長者言：『善男子，我若欲見安樂世界，

安樂世界即極樂世界之别名。○《法華經・藥王品》：「若如來滅後，後五百歲中，若有女人，聞是經典，如説修行，於此命終，即往安樂世界。阿彌陀佛大菩薩衆圍繞住處，生蓮華中寶座之上。」

無量壽如來，

即阿彌陀佛。○《阿彌陀經》：「彼佛光明無量，照十方國無所障礙，是故號爲阿彌陀。彼佛壽命及其人民無量無邊阿僧祇劫，故名阿彌陀。」

隨意即見。如是十方一切世界，所有如來，我若欲見，隨意即見。我能了知一切如來國土莊嚴神通等事，無所從來，亦無所至，無有行處，亦無住處。亦如己身，無來無去，無行住處。然彼如來，不來至此，我不往彼，知一切佛，及與我心，皆如夢故。如夢所見，從分别生；見一切佛，從自心起。又知自心，如器中水，悟解諸法，如水中影。又知自心，猶如幻術；知一切佛，如幻所作。又知自心，諸佛菩薩，悉皆如響，譬如空谷，隨聲發響。悟解自心，隨念見佛。我如是知，如是憶念，所見諸佛，皆由是心。』」

又曰：「《行願品》：普賢菩薩於逝多林末會，

嘉祥《法華義疏》十二：「普賢者，外國名三曼多跋陀羅。三曼多者，此云普也。跋陀羅，此云賢也。此土亦名遍吉。遍猶是普，吉亦是賢也。注經解云：『化無不周曰普，鄰極亞聖稱賢。』」○晉《華嚴・入法

界品》：「爾時佛在舍衛國祇樹給孤獨園大莊嚴重閣堂，與五百菩薩摩訶薩俱，普賢菩薩、文殊師利菩薩而爲上首。」〇逝多林舊稱祇陀林、祇洹林。爲逝多太子所有之林，故名逝多林。《西域記》六：「逝多林，唐言勝林。舊曰祇陀，訛也。」

發十大願王。

《四十華嚴經·普賢行願品》：「應修十種廣大行願。何等爲十？一者敬禮諸佛，二者稱贊如來，三者廣修供養，四者懺悔業障，五者隨喜功德，六者請轉法輪，七者請佛住世，八者常隨佛學，九者恒順衆生，十者普皆迴向。」〇最大之願，故曰願王。猶最大之樹，名曰樹王。

其一一願皆云虛空界盡，衆生界盡，我此大願無有窮盡。是人臨命終時，最後刹那，

梵語之刹那，譯曰念。刹那者，時之極少也。凡物之能變化於極少時者，莫如心念，故以刹那譯爲念字。〇《探玄記》曰：「刹那者，此云念頃。」

一切諸根悉皆散壞，

《俱舍論》一：「五根者，所謂眼、耳、鼻、舌、身根。」〇人命終時，眼根壞則不能生眼識，耳根壞則不能生耳識，鼻根壞則不能生鼻識，舌根壞則不生舌識，身根壞則不能生身識，故曰悉皆散壞。〇《隨願往生經》曰：「苦空非身，四大假合。形如芭蕉，中無有實。又如電光，不得久停。故云色久不鮮，當歸敗壞。」

一切威勢悉皆退失。

言生前之威權與勢力至死後悉皆退失也。

輔相大臣宫殿内外，象馬車乘，珍寶伏藏，

伏藏，即藏金於土地也。

無復相隨。唯此願王不相捨離，於一切時引導其前。一刹那中，即得往生極樂世界，到已即見阿彌陀佛。其人自見生蓮華中，蒙佛授記。

授記，爲佛發心對衆生授與後來必當作佛之記莂也。

得授記已，經無數劫，普於十方不可説不可説世界，

真理可證知而不可言説者，曰不可説。《涅槃經》有四種不可説。

以智慧力，隨衆生心而爲利益，乃至能於煩惱大苦海中，拔濟衆生令其出離，皆得往生極樂世界。又下偈云：『願我臨欲命終時，盡除一切諸障礙，面見彼佛阿彌陀，即得往生安樂刹。

刹，國土也。

我既往生彼國已，現前成就此大願，一切圓滿盡無餘，利樂一切衆生界。』」

《文殊發願經》曰：

《文殊發願經》，爲《文殊師利發願經》之略名，凡一卷，東晉之佛陀跋陀羅譯。

「願我命終時，滅除諸障礙。面見阿彌陀，往生安樂刹。生彼佛國已，成滿諸大願。

阿彌陀如來，現前授我記。嚴浄普賢行，

國土之莊嚴清浄，曰嚴浄。〇《法華經·序品》：「示諸佛土，衆寶嚴浄。」

滿足文殊願。盡未來際劫，

未來世之邊際，曰未來際。

究竟菩薩行。」

究竟者，事理之至極也。〇《三藏法數》六：「究竟猶至極之義。」

《法華經》曰：「佛言：『若有女人聞是經典，如説修行，於此命終，即往安樂世界。阿彌陀佛，大菩薩衆，圍繞住處，生蓮華中寶座之上。不復爲貪欲所惱，亦復不爲瞋恚愚痴所惱，亦復不爲憍慢嫉妒諸垢所惱。得菩薩神通無生法忍。』」

無生法忍，略稱爲無生忍。〇《智度論》七十三：「無生忍者，乃至微細法不可得（即《金剛經》無所得之意），何況大？是名無生。得此無生法，不作不起諸業行，是名得無生法忍。得無生法忍菩薩，是名阿鞞跋致。」

《大寶積經》曰：「彌勒白佛言：

《注維摩經》一：「什曰：『彌勒，菩薩姓也。阿逸多，字也。南天竺波羅門子。』」〇《法華》嘉祥疏二：「彌勒此云慈氏也。過去值彌勒佛發願名彌勒也。出《一切智光仙人經》。彌勒昔作一切智光仙人，值慈氏佛説《慈心三昧經》，故曰慈也。《華嚴經》云：『初得慈心三昧，故名慈也。』

『如佛所説阿彌陀佛極樂世界，功德利益。若有衆生，發十種心，隨一一心，專向於佛，是人命終，當得往生。世尊，何等名爲十種心？』佛告彌勒：『如是十心，非諸凡愚，不善丈夫具煩惱者之所能發。何等爲十？一者，於諸衆生起於大慈無損害心；

自旁生以至賢聖，對之不可有損害之意。

二者，於諸衆生起於大悲無逼惱心；

自旁生以至賢聖，我不可有使他受苦惱之心。

三者，於佛正法不惜身命樂守護心；

願捨身以保護佛法。

四者，於一切法

一切法又名一切萬法，又名一切諸法。總該萬有之稱。〇《智度論》二：「一切法略説有三種：一者有爲法，二者無爲法，三者不可説法。此三已攝一切法。」

發生勝忍無執著心；

固著於事物而不離謂之執著。〇《菩提心論》：「凡夫執著名聞利養資生之具，務以安身。」

五者，不貪利養，恭敬尊重，浄意樂心；

得意滿足而悦樂，謂之意樂。〇《藥師經》：「精進能調意樂。」

六者，求佛種智

《法華經·譬喻品》：「勤修精進，求一切智、佛智、自然智、無師智。」又《化城喻品》：「爲佛一切智，當發大精進。」〇《智度論》二十七：「後品中佛説一切智，是聲聞辟支佛事，道智是菩薩事，一切種智是佛事。聲聞辟支佛但有總一切智，無有一切種智。」

於一切時無忘失心；七者，於諸衆生尊重恭敬無下劣心；八者，不著世論，

世論又名惡論，順世外道之言論也。

於菩提分

《大乘義章》十六：「言道品者，經中亦名爲菩提分，亦名覺支。」〇《仁王經》上：「修習無邊菩提分法。」又《良賁疏》上一：「菩提分法者，菩提云覺，正是所求；分者因也，亦支分義。」

生決定心；九者，種諸善根，無有雜染清淨之心；

《唯識論述記》二末：「諸有漏法，皆名雜染。」〇《中阿含經》四十一：「清淨心，盡脱淫怒痴，成就於三明。」〇按：雜染固不可有，而自以爲清淨之心亦不可有。

十者，於諸如來捨離諸相

差别諸形相事物爲諸相。〇《維摩經·弟子品》：「法常寂然，滅諸相故。」

起隨念心。是名菩薩發十種心。由是心故，當得往生阿彌陀佛極樂世界。』」

《十往生經》曰：「佛言：『若有衆生念阿彌陀佛願往生者，彼佛即遣二十五菩薩，擁

護行者，若行若坐，若住若臥，若晝若夜，一切時，一切處，不令惡鬼惡神得其便也。』」

惡鬼惡神者，夜叉、羅刹之類，惱害人者。○《藥師本願經》：「不爲諸惡鬼神奪其精氣。」

《守護國界主經》曰：

《守護國界主經》，爲《守護國界主陀羅尼經》之略名，凡十卷，唐之般若、牟尼室利同譯。

「佛言：『若人命終之時，預知時至，正念分明，

正念爲八聖道之一，離邪分别念法之實性也。○《起信論》：「心若馳散，即當攝來住於正念。」○慧遠《觀經疏》：「捨相入實，名爲正念。」

洗浴著衣，吉祥而逝，光明照身，見佛相好，

《智度論》二十九：「若須八十隨形好，何不皆名爲相而别爲好？答曰：『相大嚴身，若説大則已攝小。復次相粗而好細，衆生見佛則見相，好則難見故。又相者餘人共得，好者或共或不共，以是故相好别説。』」○《大乘義章》二十末：「福狀外彰，名之爲相。又表内德，亦名爲相。姿媚可愛，愜悦人情，説之爲好。」

衆善俱現。定知此人決定往生淨土。』」

《毗婆沙論》曰：「論第四曰：佛法有無量門。

《攝大乘論釋》八：「不可以譬類得知爲無量。」○《勝鬘經寶窟》中本：「無量義者，猶是廣大異名。」

如世間道，有難有易：陸道步行則苦，水道乘船則樂。菩薩道亦如是，難行則久可得。或有勤行精進，

精進爲六度中之第四。〇《法苑珠林》八十三：「是故今者，勸諸行人，聞身餘力，預備前糧，常須檢校三業，勿令違於六時。每於晝夜，從旦至中，從中至暮，從暮至夜，從夜至曉，乃至一時一刻一念一刹那檢校三業幾心行善，幾心行惡；幾心行孝，幾心行逆；幾心行厭離財色心，幾心行貪著財色心；幾心行人天善根業，幾心行三途不善業；幾心厭離名聞著我心，幾心貪求名聞著我心；幾心欣修三乘出世心，幾心輕慢三乘深樂世間心。」

以信方便，

《法華文句》三：「方者法也，便者用也。法有方圓，用有差會。三權是矩是方，一實是規是圓。（三權者，藏教、通教、别教也。一實者，圓教也。《四教儀集注》：「經、律、論三，各含文理，條然不同，名三藏教。三乘共行，鈍同三藏，利根菩薩通後别圓，故名通教。獨菩薩法，别前藏通，次第修證，别後圓教，故名别教。教、理、智、斷、行、位、因、果，滿足頓妙，一切圓融，故名圓教。」）若智詣於矩，則善用偏法，逗會（彼所化之適合於機宜謂逗會）衆生。若智詣於規，則善用圓法，逗會衆生。」

易行疾至，應當念佛，稱其名號。阿彌陀佛，本願如是：若人念我，稱名自歸，

稱名者，稱佛名也。通諸佛諸菩薩之名，通途口唱阿彌陀佛之名也。〇自歸三寶，謂之自歸。

即必定得阿耨菩提。

阿耨菩提爲「阿耨多羅三藐三菩提」之略名。〇《涅槃經》三十五：「阿耨菩提，信心爲因。」〇《智度論》三十四：「衆生聞我名者，必得阿耨菩提。」《教行信證》二：「阿耨菩提者，即是涅槃界。」

是故常應憶念。偈曰：若人願作佛，心念阿彌陀。應時爲現身，是故我歸命。

《續高僧傳》卷十四、《法苑珠林》卷十五：「唐西京浄影寺釋善胄，瀛州人也。善通經論，《涅槃》偏長。席談機悟，國中第一。行年七十有一，初患篤，謂門人曰：『吾一生正信在心，於佛理教無心輕略，不慮浄土不生。』即令拂拭房宇，燒香嚴待。病來多日，委臥不起。忽爾自坐，合掌，語侍人曰：『安置世尊令坐。』口云：『世尊來也，胄今懺悔慚愧。』如是良久。曰：『世尊去矣。』低身似送。因臥曰：『向者阿彌陀佛來，汝等還見否？不久，吾當去耳。』語頃，便卒。」

若人欲疾至，不退轉地者，

於所修之功德善根，漸漸增進，更不退失不轉變謂之不退轉，略名不退。○《無量壽經》上：「聞我名字不即得至不退轉者，不取正覺。」

應以恭敬心，執持稱名號。彼佛本願力，十方諸菩薩，來供養聽法，是故我稽首。

稽首，至敬之禮，謂頭至地也。○《周禮》：「太祝辨九摻，一曰䭫首。」注：「摻，音拜；䭫又作稽，稽首，拜頭至地也。」

彼土諸菩薩，具足諸相好，以自莊嚴身，我今歸命禮。彼諸大菩薩，日日於三時，

三時者，晨朝、日中、黄昏也。

供養十方佛，是故稽首禮。若人種善根，疑則華不開。信心清浄者，華開則見佛。十方現在佛，以種種因緣，嘆彼佛功德，我今歸命禮。其土具莊嚴，殊彼諸天宫，

天宫者，天人之宫殿也。○《圓覺經》：「地獄天宫，皆爲浄土。有性無性，齊成佛道。」

功德甚深厚，是故禮佛足。若人生彼國，終不墮三趣，及與阿修羅，我今歸命禮。」

衆生所住之國土，名爲趣。○《俱舍論》八：「趣謂所往。」

附録

《西方確指》覺明妙行菩薩曰：

大凡修浄土人，最忌夾雜。何謂夾雜？即是又諷經，又持咒，又做會，又好説此没要緊的禪，又要談些吉凶禍福見神見鬼的話，却是夾雜也。既夾雜，則心不專一。心不專一，則見佛往生難矣。却不空費了一生的事麽？如今一概莫做，只緊緊持一句阿彌陀佛，期生極樂。日久成功，方不錯却。偈曰：「阿彌陀一句，萬法之總持。心與聲相依，念兹復在兹。感應不思議，蓮開七寶池。」又偈曰：「少説一句話，多念一句佛。打得念頭死，許汝法身活。」

又曰：

大抵修浄業人，行住坐臥，起居飲食，俱宜西向，則機感易成。室中只供一佛、一爐、一經、一桌、一椅，不得放多餘物件。庭中亦掃除潔浄，使經行無礙。要使此心一絲不挂，萬慮俱忘，空空洞洞，不知有身，不知有世，並不知我今日所作之修行之事。如是則與道日親，與世日隔，可以趨向浄業。蓋汝生時抛撇得乾浄，念頭上不存些子根節。大限到來，灑灑落落，不作兒女子顧戀身家子孫之態，豈不是大丈夫舉動？

又曰：

有問：「念佛不能一心，當作何方便？」菩薩曰：「汝但息想定慮，徐徐念去，要使聲合乎心，心隨乎聲，念久自得。諸念澄清，心境寂照，證入念佛三昧。然平日必須多念，從千至萬，心無間斷，則根器最易純熟。若强之使一，終不一也。」

蓮池大師曰：

《彌陀經》言：若人念佛，臨命終時，必生彼國。又《觀經》言：念佛之人，生彼國者，蓮分九品。蓋此念佛法門，不論男女僧俗，不論貴賤賢愚，但一心不亂，隨其功行大小，九品往生，故知世間無一人不可念佛。若人富貴，受用現成，正好念佛。若人貧窮，家小累少，正好念佛。若人有子，宗祀得託，正好念佛。若人無子，孤身自由，正好念佛。若人子孝，安受供養，正好念佛。若人子逆，免生恩愛，正好念佛。若人無病，趁身康健，正好念佛。若人有病，切近無常，正好念佛。若人年老，光景無多，正好念佛。若人年少，精神清利，正好念佛。若人處閑，心無事擾，正好念佛。若人處忙，忙裏偷閑，正好念佛。若人出家，逍遥物外，正好念佛。若人在家，知是火宅，正好念佛。若人聰明，通曉淨土，正好念佛。若人愚魯，别無所能，正好念佛。若人持律，律是佛制，正好念佛。若人看經，經是佛説，正好念佛。若人參禪，禪是佛心，正好念佛。若人悟道，悟須佛證，正好念佛。普勸世人，火速念佛。九品往生，華開見佛。見佛聞法，究竟成佛。始知自心，本來是佛。

又曰：

念佛有默持，有高聲持，有金剛持。然高聲覺太費力，默念又易沉昏，只是綿綿密密，聲在於唇齒之間，乃爲金剛持。又不可執定。或覺費力，則不妨默持。或覺昏沉，則不妨高聲。如今念佛者，只是手打魚子，隨口叫喊，所以不得利益。必須句句出口入耳，聲聲喚醒自心，譬如一人濃睡，一人喚云某人，則彼即醒矣。所以念佛，最能攝心。

又曰：

夫學佛者，無論莊嚴形迹，止貴真實修行。在家居士，不必定要緇衣道巾，帶髮之人，自可常服念佛，不必定要敲魚擊磬。好静之人，自可寂默念佛，不必定要成群做會。怕事之人，自可閉門念佛，不必定要入寺聽經。識字之人，自可依教念佛。千里燒香，不如安坐家堂念佛。供奉邪師，不如孝順父母念佛。廣交魔友，不如獨身清静念佛。寄庫來生，不如見在作福念佛。許願保禳，不如悔過自新念佛。習學外道文書，不如一字不識念佛。無知妄談禪理，不如老實持戒念佛。希求妖鬼靈通，不如正信因果念佛。以要言之，端心滅惡，如是念佛，號曰善人。攝心除散，如是念佛，號曰賢人。悟心斷惑，如是念佛，號曰聖人。

佛藏經籍提要

佛藏經籍提要

佛藏經典，浩如煙海，且各宗著述，尤指不勝屈，初學苦難抉擇。茲有佛學推行社將佛藏各宗要典，提示大旨，且附流通價目，俾有志研究者，易於選擇購請焉。

華嚴部

經分大小二乘，大乘以《華嚴》爲首，凡賢首宗及各家著述，發明《華嚴》經義者，概歸此部。

唐譯《華嚴經》 楊仁山先生曰：「佛初成道時，七處九會，説圓融無盡法門，爲諸經之王，非閲疏論著述，鮮能通其義。」書凡八十卷。揚州藏經院出版，尤以杭州昭慶寺慧空經房版爲精審，每部念册，四元八角。

《華嚴懸談》 楊仁山先生曰：「懸敍十門，統明全經大旨，即疏鈔之首。」書凡八卷。長沙上林寺出版，每部八册，一元四角。

《華嚴經疏鈔》 楊仁山先生曰：「以四分科經，發揮精詳，後人得通《華嚴》奥旨者，賴有此書。」書凡二百二十卷。又曰：「《華嚴疏鈔》，既能全閲，必得超越常情，徹見一乘妙諦，賢首所作《一乘教義分齊章》，亦宜連類閲之。經中深義，未能當下明了者，當於佛前至誠頂禮，心念佛光灌頂，久之自能豁然通達。若以思惟心推究，去道轉遠矣。」金陵刻經處出版，每部六十八册，十五元四角八分。大本二十三元五角。

《華嚴經合論》 楊仁山先生曰：「提倡圓頓法門，與禪相爲表裏。」書凡一百二十卷。金陵刻經處出版，每部三十册，十元零八角。

《華嚴著述集要》 楊仁山先生曰：「薈萃各家撰述，學《華嚴》者，萬不可少。」書凡二十九種。金陵刻經處出版，每部二十册，二元四角。

方等部 開小顯大之經，及有註疏者，概歸此部。靈峯大師曰：「方等亦名方廣，於十二分教中，十一並通大小，此唯在大。蓋一代時教，統以二藏收之，一聲聞藏，二菩薩藏。阿含、毗尼及阿毗曇，屬聲聞藏，大乘、方等，屬菩薩藏。是則始從《華嚴》，終《大涅槃》，一切菩薩法藏，皆稱方等經典。今更就大乘中，別取獨被大機者，名華嚴部；融通空有者，名般若部；開權顯實者，名法華部；垂滅談常者，名涅槃部。其餘若顯若密，或對小明大，或泛明諸佛菩薩因、果、事、理、行、位、智、斷，皆此方等部收，非同流俗訛傳，唯謂八年中所説也。」

《圓覺經》 佛入神通大光明藏三昧，現諸淨土，文殊、普賢等十二大士，次第請問因地修證之法門，佛一一答之。書凡一卷。金陵刻經處出版，每部一册，九分。

《圓覺經近釋》 書凡六卷。金陵刻經處出版，每部二册，三角一分。

《圓覺經略疏》 唐圭峯禪師作，裴相有序，盛行於世。書凡四卷。上海靜安寺路醫學書局出版，每部四角五分。

《維摩經注》 楊仁山先生曰：「維摩示疾，諸大菩薩往問，説不可思議解脱法門。」書凡八卷。上海静安寺路醫學書局出版，每部四角。

《金光明最勝王經》 楊仁山先生曰：「四卷《金光明經》，廣行於世，此十卷者，文義詳備，最宜流通。」書凡十卷。金陵刻經處出版，每部二册，四角八分。

《心地觀經》 楊仁山先生曰：「純顯真如一心，兼明萬行修證，文言流暢，旨趣幽深。」書凡八卷。金陵刻經處出版，每部二册，四角。

《勝鬘經寶窟》 楊仁山先生曰：「唐以前盛弘此經，後世無人提倡，因其奥義難通也。今幸《寶窟》來自扶桑，學者可得門徑矣。」書凡十五卷。金陵刻經處出版，每部四册，九角。

《思益梵天所問經》 楊仁山先生曰：「學禪宗者，宜閲此經。」書凡四卷。金陵刻經處出版，每部一册，二角五分。

《觀佛三昧海經》 楊仁山先生曰：「此經事理交含，依文修觀，現身得見釋迦如來。」書凡十卷。金陵刻經處出版，每部二册，四角八分。

《盂蘭盆經箋注》 是經爲佛門示孝之經，今天中節之盂蘭盆會，即根於此。上海静安寺路醫學書局出版，每部一角。

《佛説無常經》 亦名《三啓經》。弘一法師曰：「是經爲佛世諸大弟子所習誦者，或以是爲日課焉，卷首有余序文。」上海静安寺路醫學書局出版，每部六分。

《佛報恩經》 楊仁山先生曰：「如來往劫修行，皆是證無生忍以後之事，非凡情所能測度，其中表法，可以理喻。」書凡七卷。金陵刻經處出版，每部二册，四角一分。

《地藏菩薩本願經》 弘一法師曰：「可備讀誦。」楊仁山先生曰：「佛説地藏菩薩因地發心，併地獄可畏之相，以儆愚頑而開覺路。」書凡二卷。金陵刻經處出版，每部一册，一角六分。大字本三角。

浄土部 係由方等分出，另立一部，以逗時機。凡天竺、震旦諸師演暢浄土宗旨者，概歸此部。

《無量壽經義疏》 楊仁山先生曰：「説彌陀因地，發四十八願，莊嚴浄土，此疏從日本傳來。」書凡六卷。金陵刻經處出版，每部二册，四角。

《無量壽經箋注》 此注博贍無比，除采取各經綸及《浄影疏》外，復於浄土著述中世所罕見者，如峻諦《會疏》、憬興《述文讚》、義寂《述義》、良忠《無量壽經論註記》、支謙、帛延等説，多所采證。兩尊出世洪範於以益明，洵西方眼目也。上海静安寺路醫學書局出版，每部一元。

《觀無量壽佛經疏鈔》 楊仁山先生曰：「佛説十六觀門，利根上智，依之修行，速超上品。疏鈔用三觀釋之，顯圓妙理。」書凡四卷。揚州藏經院出版，每部二册，五角九分。

《觀無量壽佛經箋註》 大心居士曰：「此書箋註，用《詩》《書》訓詁之法，一字一句，悉使明了，屏除我見，以經注經。俾見聞者，因文而動懷，緣注而開解，有益衆生，不可勝算。」卷末殿以明人所繪之精妙圖像三十五幅。上海静安寺路醫學書局出版，每部四角五分。

《觀無量壽佛經四帖疏》 楊仁山先生曰：「此書從日本傳來，内分玄義分、序分義、定善義、散善義，故名四帖。」書凡四卷。弘一法師曰：「此書宜先閱《上品上生章》之疏文。」印光法師曰：「《集諸經懺悔文》、《西方禮讚》等，若偈若文，多是善導《觀經四帖疏》中之文。若將《四帖疏》上品往生章註詳看，方知所言《觀經》，祇舉《觀經》一句，下即詳釋，非全體盡屬經文。善導《觀經四帖疏》，中國多年失傳，近方由東瀛請來，金陵刻板，而流傳既久，錯訛甚多。即《諸經禮懺悔文》，亦屬訛謬不少。《四帖疏》《懺悔文》互觀，亦可正其少分。餘者亦有依義可正之處。光十年前，曾一再閱而標之，雖未敢必其復彼初出之原，然亦正正者多，而正訛者少，爲自信得及耳。」金陵刻經處出版，每部二册，三角六分。

《阿彌陀經疏鈔》 楊仁山先生曰：「佛説浄土法門，令衆生一心念佛，即得往生，不受輪轉。」「此書用賢首家法，一事一理，逗機正説。」書凡四卷。金陵刻經處出版，每部五册，九角六分。常州本一元。

《阿彌陀經箋注》 諦閑法師曰：「佛法之妙，莫妙於浄土；浄土之妙，莫妙於持名；持名之妙，莫要於此經。欲讀此經，必先閱此經之箋注。此注明顯簡易，句句有宗，全無胸臆之見，真長夜之寶炬，渡海之津梁也。」上海静安寺路醫學書局出版，每部一角。

《往生論注》 楊仁山先生曰：「唐以前談浄土之書，除《十疑論》外，僅見此本，其精妙處，後人所不能及。」書凡二卷。又曰：「《往生論注》一册，梁曇鸞撰，此方闡揚浄土之書，推爲巨擘。」金陵刻經處出版，每部一册，二角四分。

《**浄土十要**》　楊仁山先生曰：「此書上起智者，下至袁宏道，皆係精要之作。」書凡十卷。印光法師曰：「此書乃蕅益大師于浄土諸書中採其菁華，妙契時機，最爲第一。其開首《彌陀要解》，自佛説此經以來，爲西天東土中絶無而僅有之註解也，宜恪遵守，不可忽略。」又曰：「若論逗機最妙之書，當以《浄土十要》爲冠。而《彌陀要解》一書，爲蕅益最精最妙之註。自佛説此經以來之註，當推第一。即令古佛再出於世，現廣長舌相，重註此經，當亦不能超出其上，况後生淺聞薄解，便欲指斥，冀其超越乎哉？以螢光而較日，多見其不知量也。」又曰：「《彌陀要解序》，經成時大師節略，語句便不圓潤，而末後云：『不敢與二翁競異，亦不必與二翁强同。譬如側看成峯，横看成嶺，縱皆不盡廬山真境，要不失爲各各親見廬山而已。』時師略去此譬，『不必與二翁强同』之『必』字訛作『敢』字，便成我慢自大，藐視二翁，意中便有二翁所註違經，不敢依從之義，并與下譬相反。實爲冤誣蕅益，貽誤後覺，讀之令人痛心疾首。」弘一法師曰：「印光法師，盛讚此書，但多未宜於初學。若初學者，可先閲是中《十疑論》、《浄土或問》、《念佛直指》三種，此外則隨分隨力斟酌閲之。」揚州藏經院出版，每部四册，一元一角二分。杭州本亦四册，九角三分。

《**往生集**》　楊仁山先生曰：「此書略録古今往生事跡，加以讃論。」書凡三卷。金陵刻經處出版，每部一册，二角五分。

《**南無阿彌陀佛解**》**等三種**　弘一法師曰：「此爲學佛者最切近之書，内有余之字跡數幅。」上海静安寺路醫學書局出版，每部一角二分。

《念佛警策》 弘一法師曰：「擇録浄宗諸家之語録，甚精要。」每部一册，二角三分。

《徹悟語録》 弘一法師曰：「與《梵室偶談》合刊，《偶談》即《靈峯宗論》中之一種，大半勸修浄業之語，事理圓明。」每部一册，一角七分。

《省庵法師語録》 楊仁山先生曰：「此書專弘浄土，時人稱爲蓮宗第九祖。」書凡二卷。揚州藏經院出版，每部二册，三角七分。杭州本一册，三角三分。

《印光法師文鈔》 弘一法師曰：「印光法師今居普陀，昔爲名儒，出家已二十餘年，爲當世第一高僧，品格高潔嚴厲，爲余所最服膺者。《文鈔》之首，有余題辭，第二本末頁，附録余撰定《閱印光文鈔次序表》，依此次序閱覽，（但表中所記一圈者及無圈者可暫緩閱）自無扞格不通之虞。」揚州藏經院刻本，每部四册，實價八角。商務印書館鉛印本每部二册，實價五角五分。

《學佛捷徑》 楊仁山先生曰：「浄土一門，一念浄信，頓超彼岸，可謂方便中之大方便，直捷中之最直捷矣。」是書搜輯古今浄土書之精華，而集其大成，學者閲此，有事半功倍，即入必定之樂，故名曰《學佛捷徑》。上海静安寺路醫學書局出版，每部四角。

弘一法師曰：「新板《浄土四經》，可備讀誦；《彌陀經疏鈔擷》，爲解釋《阿彌陀經》最淺近之書；《觀經圖頌》，爲《觀無量壽佛經》之圖；《龍舒浄土文》《浄土晨鐘》《徑中徑又徑徵義》，此三種皆勸人修浄業之作，最詳明切要；《歸元鏡》，依浄土三祖之傳記，撰成戲曲之本，最有興味；《往生集》，爲浄宗往生者之傳記。以上八種，爲浄宗入門之書。浄宗者，爲佛教諸宗中之一，即念佛求生西方之法門也。此宗現在最盛，以其廣大普遍，並利三根。印光法師現在專弘此宗，余亦歸信是宗，甚盼仁者亦以此自利利他也。」又曰：「以上所記之經目，爲初學佛法，人事紛繁，未能專力修習者，所應用之書。一以其册數無多，一以其篇章多不前後承續，可以暇時隨意閱一二葉，不必從頭至尾用意研味也。」又曰：「《極樂莊嚴圖》、《西方接引圖》，皆阿彌陀佛等像，《釋迦佛坐像》、《地藏菩薩像》，此四種皆佛菩薩像，宜懸掛供養。但阿彌陀佛像二種中，擇掛一種。」

法相部　亦從方等分出，以爲專門之學，慈恩宗及各家著述，彙入此部。

《楞伽經》　楊仁山先生曰：「性相並談，文義簡古。」書凡四卷。金陵刻經處出版，每部二册，三角二分。

《入楞伽心玄義》　楊仁山先生曰：「此卷從日本得來，全疏既失，觀此可知大意。」書凡一卷。金陵刻經處出版，每部一册，八分。

《解深密經》　楊仁山先生曰：「學法相者，以此爲宗。」書凡五卷。金陵刻經處出版，每部一册，二角一分。

《大乘密嚴經》　楊仁山先生曰：「此書長行甚少，五言偈居多。」書凡三卷。金陵刻經處出版，每部一册，一角九分。常州本一角六分。

《瑜伽師地論》　楊仁山先生曰：「内有五分，説十七地。奘師譯成，太宗大爲讚賞，因作《聖教序》。」書凡一百卷。又曰：「《瑜伽師地論》，是相宗之祖，世人患其無疏，頃得東洋覓來之《瑜伽論記》，係唐僧遁倫所作，約八十萬字，可以發明論義，若有刻資，即當鐫板。」此《瑜伽師地論》，金陵刻經處出版，每部三十一册，六元六角。

《成唯識論》　靈峯大師曰：「護法等十菩薩，各造論十卷，釋世親《三十頌》，奘師糅爲十卷，乃瑜伽一宗之精要也。」楊仁山先生曰：「梵本十種，奘公會爲一部，剖析精微，學法相者最宜深究。」書凡十卷。又曰：「深願學佛者精通唯識一門，以續千年之墜緒。專心研究因明、唯識二部，期於徹底通達，爲學佛者之楷模，不至顢頇儱侗，走入外道而不自覺，實振興佛法之要門，且於浄土道理深爲有益。蓋莊嚴浄土，總不離唯識變現也。」金陵刻經處出版，每部二册，五角二分。

《成唯識論述記》　楊仁山先生曰：「此書元末失傳，後人以不見爲憾，今從日本得來，慈恩一宗，其再興乎？」書凡六十卷。又曰：「性相二宗，有以異乎？無以異也。性宗直下明空，空至極處，真性自顯。相宗先破我法，後彰圓實，以無所得爲究竟。乃知執有執空，互相乖角者，皆門外漢也。唐以前，相宗典籍，未被東土，自玄奘法師西遊印度，而後唯識一宗，輝映於震旦矣。有窺基法師者，奘公之高弟也，親承師命，翻譯《成唯識論》，薈萃十家而成一部，並以聞於師者，著爲《述記》，學相宗者，奉爲準繩。迨元季而失傳，五百年來，無人得見，好學之士，每以爲憾。亟募資鋟板，流傳於世，非偶然也。」金陵刻經處出版，每部二十册，四元，大本六元。

《成唯識論文釋併記》　王文治居士謂吴西泠居士以鄭王諸家注經之苦心，用之梵典，作《唯識文釋》十卷，凡三十餘年而後成。其致力之處，唯在蠲除我見，照原文註解，深入而淺出之。原文之外，絶不增一義，且不增一字，此之謂了名言者也。此書一出，凡後來之留心相宗者，獲一莫大之津梁云云。上海静安寺路醫學書局發行，每部二元八角。

《因明論疏》 楊仁山先生曰：「用三支比量簡辨真似，能立能破，不爲他宗所破也。」書凡八卷。金陵刻經處出版，每部二册，五角。

《相宗八要》 楊仁山先生曰：「雪浪恩公採集，明昱補古注所未備，開相宗之初門。」書凡八卷。金陵刻經處出版，每部二册，三角九分。

般若部

靈峯大師曰：「般若爲諸佛母，三世諸佛，皆從般若得生，故曰：從初得道，乃至泥洹，於其中間，常説般若。當知一切佛法，無非般若所流出，無非般若所統攝也。然初成頓演，則稱華嚴；漸誘鈍根，則名阿含；對半名滿，則屬方等；開權顯實，則讓法華；扶律談常，則推涅槃。故唯顯示二空，破情立法，或共不共，以般若題名者，乃别成第四部云。」

《金剛般若波羅蜜經》 亦名《金剛經》。《文獻通考》曰：「佛法之要，不在文字，而不離於文字，文字不必多讀，只《金剛經》一卷足矣。」金陵刻經處出版，每部一册，八分。

《金剛經箋注》 此箋注，用漢儒注經之法，語有師承，既無嚮壁虚造之弊，又無艱深晦澀之苦。上海静安寺路醫學書局出版，每部三角。

《金剛經注解》 楊仁山先生曰：「宗天親二十七疑解釋，最便初學。」金陵刻經處出版，每部一角三分。

《金剛經宗通》 楊仁山先生曰：「此書引證淵博，會通宗旨，文義暢達，震醒聾瞶。」書凡九卷。金陵刻經處出版，每部二册，四角五分。

《**心經箋注**》　是經文僅二百六十餘言，能攝如來一代時教，惜閱者大抵不能通其意義。一讀此注，則如明鏡當前，可以恍然大悟。上海静安寺路醫學書局出版，每部六分。

《**心經詳注**》　此注詳引《大般若經》《大智度論》及禪宗諸家學説，徵引最爲繁博。上海静安寺路醫學書局出版，每部三角。

《**心經五家注**》　楊仁山先生曰：「此經注解甚多，俗解無益，邪解有害，擇正解之精當者，彙爲一編。」書凡五卷。金陵刻經處出版，每部一册，一角九分。

《**心經精義**》　顯蔭法師曰：「此書博引《大般若經》《大智度論》及禪家語録，以闡發《心經》之精義，以般若解般若。本地風光，不假外求，洞達心源，備明空義，誠深契乎佛心，融合乎祖意。」上海静安寺路醫學書局出版，每部一角。

《**仁王護國般若經**》　楊仁山先生曰：「波斯匿王請問，佛説般若護國法門。」書凡二卷。金陵刻經處出版，每部一册，一角。

《**六波羅蜜多經**》　楊仁山先生曰：「前五度一一與般若相應，方成無漏善也。」書凡十卷。金陵刻經處出版，每部二册，四角八分。

《**大智度論**》　楊仁山先生曰：「釋《摩訶般若經》九十品，初品具譯全釋有三十四卷，餘皆十倍略之。」書凡百卷。揚州藏經院出版，每部二十五册，六元八角。

法華部 靈峯大師曰："凡是開權顯實，授聲聞成佛記，發迹顯本，明成佛甚久遠，及但明一乘修證之法，無二無三者，皆此部收。"

《妙法蓮華經》 楊仁山先生曰："開權顯實，統收一代時教。"書凡七卷。金陵刻經處出版，每部三册，五角六分。

《法華經句解》 宋釋聞達解。逐句詮釋，於初學良便。此書久已失傳，今得仿宋本於日本而重刊之，誠爲讀《法華》者難得之善本。上海静安寺路醫學書局出版，每部一元二角。

《法華經會義》 楊仁山先生曰："智者大師《法華文句》，文義繁多，閲者每難卒業，智旭删繁就簡，以便初學。"書凡十六卷。揚州藏經院出版，每部八册，二元一角。

《妙玄節要》 楊仁山先生曰："此書係節略智者大師《法華玄義》而成。"書凡二卷。揚州藏經院出版，每部二册，三角二分。

《法華三經》 《法華》一經，有《無量義經》開其端緒，有《觀普賢經》以爲之結束，不但一佛然，佛佛皆然。《無量義經》與《觀普賢經》，如車之兩輪，鳥之兩翼，缺一且不可，若缺其二，則《法華》雖妙，難以獨顯，何以故？《無量義經》者，理門也；《觀普賢經》者，事門也。理者悟門，事者修門也。非理不足以宣其妙，非事不足以證其實，二經備，然後《法華》之全體妙用顯矣。惜也！中土因《無量義經》譯出太晚，不知三經本是一體，若身首之不可離，遂令《法華》直顯真實之義，如入廬山，無從得其真相。誠能將此三經，循其次序，自首及尾，安心静讀，步步修行，即入法華觀之惟一法門也。上海静安寺路醫學書局出版，每部四角。

《無量義經箋注》 此經爲《妙法蓮華經》發端之經，自譯後千餘年來，今始有此箋注。卷首有諦閑序。上海静安寺路醫學書局出版，每部二角八分。

《觀普賢菩薩行法經箋注》 是經爲《妙法蓮華經》之結經。此注確守漢儒經師家法，徵引繁博，考核精密。其古字古言，通以聲音訓故之原，豁然朗解。上海静安寺路醫學書局出版，每部二角六分。

《觀世音經箋注》 此經爲《法華經》中之一品，抽出單行已久，如《管子》中之《弟子職》，《小戴記》中之《大學》、《中庸》也。其箋注，尤明白曉暢。上海静安寺路醫學書局出版，每部一角五分。

《觀世音菩薩靈感録》 觀世音菩薩，於吾中國最有緣，故屢顯種種靈感。此書搜羅頗詳，於古今來靈感之事，大抵皆萃於此矣。上海静安寺路醫學書局出版，每部二角。

《尼犍子授記經》 楊仁山先生曰：「此經宣説世出世法，曲盡其妙。」書凡十卷。揚州藏經院出版，每部二册，四角八分。

涅槃部 靈峯大師曰：「大涅槃部，别在一日一夜，通該一代，凡是扶律談常，顯佛實不滅度者，皆此部收。」

《大般涅槃經》 楊仁山先生曰：「扶律談常，顯佛不滅。」書凡四十二卷。金陵刻經處出版，每部十一册，二元三角。

《涅槃經玄義》 楊仁山先生曰：「開爲五重，統説全經大意。」書凡二卷。金陵刻經處出版，每部一册，一角四分。

《集一切福德三昧經》 楊仁山先生曰：「受持此經，令三寶種永不斷絶。」書凡三卷。揚州藏經院出版，每部一册，一角七分。

《佛遺教經》 楊仁山先生曰：「佛説此經，猶後世之遺囑，後代學人，皆宜遵守。」金陵刻經處出版，每部一册，六分。

《佛遺教經箋注》 此書注解詳明，允宜奉爲圭臬。上海静安寺路醫學書局出版，每部一角三分。

秘密部

凡有壇儀之經，及印度、支那諸師撰述，均入此部。

《楞嚴經》 楊仁山先生曰：「無法不備，無機不攝，學佛之要門也。」書凡十卷。金陵刻經處出版，每部二册，四角二分。大字本三册，八角四分。揚州大字本三册，五角六分。蘇州本三册，八角六分。四川小字本一册，一角六分。常州本二册，三角六分。華山大字本五册，一元八角。

《吴女士寫本楞嚴經》 此經爲吴芝瑛女士手寫，用金屬板印。女士書法，久馳譽中外，此經尤端秀絶倫。上海静安寺路醫學書局發行，每部三元。

楊仁山先生曰：「呪是密語，從古不翻，蓋有深意。惟楞嚴呪，諸佛菩薩護法天神名號居多。每段内有密語數句，以滿、漢、蒙古、西番四體全呪考之便知。虔心持誦，自他俱利。若見諸相非相，則一切有相，當體即空。雖念念度生，實無生可度，雖無生可度，而念念度生，尚何住相之有哉？」

《楞嚴正脈》 楊仁山先生曰：「披剥陳言，獨申正見，發揮經義，超越古今。」書凡四十卷。金陵刻經處出版，每部十四册，三元二角。

《準提陀羅尼經》 與以下三種合爲一册。

《大悲陀羅尼經》

《尊勝陀羅尼經》

《穢跡金剛呪經》 楊仁山先生曰：「治病却魔，祈福修真，此四種神咒，隨宜奉持。」金陵刻經處出版，每部一册，一角六分。

《大悲咒箋註》 清乾隆丙子御跋有曰：「西竺震旦龍藏内觀世音神咒甚多，而千手千眼大悲心陀羅尼爲最上心印」云云。由無錫萬君爲之箋註，引證諦當，經旨了然。並於陀羅尼句下悉依宋人寫本，注以佛菩薩天王鬼神諸相名號，尤爲難得之本。上海静安寺路醫學書局出版，每部一角。

《顯密圓通》 楊仁山先生曰：「略明顯教，廣明密教，以準提爲宗，欲知呪術功能，須閲此集。」書凡二卷。金陵刻經處出版，每部一册，一角九分。

《施食儀軌補注》 楊仁山先生曰：「三業相應，力用無邊，閲此補注，方知施食非易事也。」

書凡二卷。金陵刻經處出版，每部二册，四角一分。

阿含部　靈峯大師曰：「阿含亦云阿笈多，此翻教，又翻無比法，又翻法歸。蓋是萬法之淵府，總持之林苑。是故通則大小二教，皆號阿含。别則小開四部，謂：《增一》，明人天因果；《長》，破邪見；《中》，明深義；《雜》，明禪法。又復約别，雖云在第二時，實則通該一代，良由一類衆生，始終見小，直至示入涅槃，不聞大教。凡是三印所印，悉宜收入此部。」

《增一阿含經》　楊仁山先生曰：「此經明人天因果，從一增一，義豐慧廣。」書凡五十卷。揚州藏經院出版，每部十二册，二元八角。

《長阿含經》　楊仁山先生曰：「辨邪正，明報應，以長爲目者，開斥修途，所記長遠也。」書凡二十二卷。揚州藏經院出版，每部六册，一元五角。

《雜阿含經》　楊仁山先生曰：「此經説事既雜，别爲一部，内有小半與《中阿含》、《增一阿含》相同，而文順暢。」書凡五十卷。金陵刻經處出版，每部十二册，三元二角四分。

律部　大律菩薩調伏藏，七衆同遵，併諸家疏釋，擇要彙集。小律聲聞調伏藏，非受具戒者，不宜檢閱，故所收從略。

《梵網經》　楊仁山先生曰：「上卷説四十心地，下卷説十重四十八輕戒。」書凡二卷。金陵刻經處出版，每部一册，一角三分。常州本一册，一角。

《梵網經菩薩戒本疏》 楊仁山先生曰：「此疏從日本傳來，學菩薩道者，最宜深究。」書凡十卷。 又曰：「重戒以十門解釋，輕戒以八門解釋，精深切當，超越古今。 學菩薩道者，得此疏而研究之，則亦庶乎其不差矣。」又曰：「賢首此疏，深達戒經奧旨，學者苟能悉心研究，信受奉行，自然從凡夫地直趣佛果，不遭歧路。 豈非破煩惱障之利器，行菩薩道之正軌乎？ 經中稱爲光明金剛寶戒，可知上卷所説四十心地法門，定當以此戒爲基也。 學戒人歡喜踴躍曰：『今而後知所從事矣。』」金陵刻經處出版，每部二册，五角六分。

《菩薩戒本經箋要》 楊仁山先生曰：「廣明開遮持犯，在家出家，均宜受持。」書凡一卷。金陵刻經處出版，每部一册，一角二分。

《在家律要》 弘一法師曰：「既修淨業，宜兼持戒律，可先閱此書，較易了解。」每部四册，九角。

楊仁山先生曰：「《梵網》十重四十八輕，及《菩薩戒本》四重四十一輕，乃大乘律之總綱，凡發菩提心者，皆應受持也。」

大乘論部

菩薩對法藏，爲入大乘之要門。 釋經各部，已隨本經，别行之論併諸疏釋，輯録於此。

《大乘起信論》 楊仁山先生曰：「《大乘起信論》者，馬鳴菩薩之所作也。 馬鳴爲禪宗十二祖，此論宗教圓融，爲學佛之要典。」又曰：「通達此論，則一切經典易於入門矣。」又曰：「馬鳴菩薩所作《起信論》，文僅一卷，字僅萬言，精微奥妙，貫徹羣經。學者苟能熟讀深思，如法修行，從十信滿心，得六根清浄，證入初住，見少分法身。歷十住、十行、十回向、十地、等覺、妙覺，徹證滿分法身，現圓滿報身。以大悲心，起隨類用，即現千百億化身，與十方諸佛，無二無別也。或疑六道衆生，何能直證佛果？不知衆生本性，即是諸佛法身，迷則輪迴六道，悟則超越三乘，然須多劫修行，方成佛道。」金陵刻經處出版，每部一册，一角。

《讀大乘起信論捷訣》　此書指示讀《大乘起信論》之要訣頗詳，爲速通《起信論》之善本。上海静安寺路醫學書局出版，每部三角。

《大乘起信論義記》　楊仁山先生曰：「此論總括羣經要義，法藏作記，曲盡其妙，學者熟讀深思，自能通達三藏教海。」書共八卷。又曰：「大藏教典，卷帙浩繁，求其簡要精深者，莫如《起信論》。而解釋此論者，自隋唐以來，無慮數十家，雖各有所長，然比之賢首，則瞠乎其後矣。藏内賢首疏五卷，人皆病其割裂太碎，語意不貫，蓋圭峰科會之本也。蓮池重加修輯，刻於雲棲，憨山治爲《疏略》，刻於徑山，文義雖覺稍聯，總不能如原作之一氣呵成也。今年求得古逸内典於日本，自六朝以迄元明，凡數百種。内有《起信論義記》，以十門開釋，始知圭峰删削頗多，致失原本規模。然經日本僧徒和會，仍不免割裂之病。求之數年，復獲别行古本，真藏公原文也。讎校再三，重加排定，務使論文記文，自成段落，庶幾作者義味，溢於行間，後之覽者，恍如親承指教也。另有《别記》一卷，似作於《義記》之先，蓋《别記》所詳者，《義記》則略之，遂併刊以成完璧云。」金陵刻經處出版，每部二册，五角二分。

《大乘起信論纂注》 楊仁山先生曰：「此注取賢首《疏》、《長水筆削記》，删繁就簡，纂輯成文，以便初學。」書凡二卷。金陵刻經處出版，每部一册，二角五分。

《大乘起信論直解》 楊仁山先生曰：「此書稱性直談，雅合禪門之機。」書凡二卷。金陵刻經處出版，每部一册，二角五分。

《中論》 楊仁山先生曰：「《中論》《百論》《十二門論》，六朝僧專門學習，是爲三論宗。」書凡六卷。杭州慧空經房出版，每部二册，三角一分。揚州本三角六分。

《般若燈論》 此論釋龍樹五百偈，較《中論》爲詳。楊仁山先生曰：「般若明燈，照破幽暗，顯真空理，當處無生，凡夫與佛，平等一如。」書凡十五卷。金陵刻經處出版，每部三册，八角。

《十二門論宗致義記》 楊仁山先生曰：「此論意旨，即孔子所謂『空空如也，我叩其兩端而竭焉』。法藏《義記》，發揮盡致，於此會得，即入三空解脱門。」書凡四卷。又曰：「杜順和尚《法界觀門》，以真空觀居首，爲後二觀之基。藏公此《記》，即以成就空觀也。學者能與此《記》，及《心經略疏》，融會貫通，則得速入般若波羅密門。」金陵刻經處出版，每部二册，二角六分。會本五角六分。

《法界無差別論疏》 此論明菩提心，略説有十二種義。楊仁山先生曰：「論中深義，人不能曉，得法藏疏，方知法界平等之妙旨也。」書凡二卷。金陵刻經處出版，每部一册，一角八分。

《發菩提心論》 楊仁山先生曰：「非菩提心，無由作佛，慨發大心，兼行六度，而後佛果可期矣。」書凡二卷。揚州藏經院出版，每部一册，一角一分。

西土撰集部　論藏所不攝者，別爲一類，所謂雜藏也。

《四十二章經解》　楊仁山先生曰：「佛教東來，首譯此經，明智旭解。」金陵刻經處出版，每部一册，一角一分。

《四十二章經箋注》　上海静安寺路醫學書局出版，每部一角四分。

《賢愚因緣經》　楊仁山先生曰：「慧覺等八人，在于闐大會，共記所聞，集爲一部，皆係佛及弟子化度衆生之事。」書凡十三卷。揚州藏經院出版，每部四册，八角六分。

《諸經要集》　楊仁山先生曰：「集諸經中菩薩行門六十六條，法珠之寶聚，大乘之龜鑑。」書凡三卷。弘一法師曰：「是書分類輯録諸經中之要義，但多屬事相，不難了解。」揚州藏經院出版，每部一册，三角。常州本一册，一角九分。

《坐禪三昧經》　楊仁山先生曰：「説五種觀門，以治五障，併説四禪、四空、念佛等法。」書凡二卷。金陵刻經處出版，每部一册，一角二分。常州本一册，一角二分。

《八大人覺經箋注》　後漢安清譯。是經有八法，爲菩薩、聲聞、緣覺之大力量人所覺悟，故名。上海静安寺路醫學書局出版，每部六分。

禪宗部　教外別傳，不立文字，語録一興，浩如煙海，今擇其要者，彙爲一宗。

《御選語録》　楊仁山先生曰：「此書自肇公至蓮池，凡十六家，繼以歷代禪師，前後二集，以當今法會爲殿。」書凡十九卷。金陵刻經處出版，每部十四册，三元一角。

《指月録》　楊仁山先生曰：「此書上起七佛，下至大慧，採集偈頌、普説、機鋒語句，成一家言。」書凡三十二卷。杭州慧空經房出版，每部十册，二元六角六分。長沙本十册，三元一角。

《續指月録》　楊仁山先生曰：「此書起自南宋，訖於國初，恰與前録相接。」書凡二十卷。金陵刻經處出版，每部六册，一元三角八分。

《肇論略注》　楊仁山先生曰：「達摩未來以前，提倡宗乘者，肇公與竺道生二人而已。生公作論數篇，不傳於世，惜哉！」書凡六卷。金陵刻經處出版，每部二册，三角四分。

《寶藏論》　楊仁山先生曰：「此等寶藏，人人有之，一經指出，即能受用。争奈窮子執迷不悟，可哀也矣。」金陵刻經處出版，每部一册，七分。

《六祖壇經箋注》　楊仁山先生曰：「達摩西來，直指人心，見性成佛，傳至六祖，其道大行。」禪定法師曰：「《壇經》俱明心見性、真參實悟之談，疇隱以文字般若，明實相般若，而發爲斯註。博引旁搜，如入瑯嬛天府；句斟字酌，發揮古德名言。即文字以見菩提，不著文字，而不離文字。讀者於言下見自性，而勿徒求諸文字之間。吾深爲讀是註者幸，並爲讀是註者告焉。」上海静安寺路醫學書局出版，每部一元。

楊仁山先生曰：「夫般若者，根本智也。經稱般若爲諸佛母，一切佛法之所從生，故《大藏經》以般若爲首。般若在衆生分中，隱而不現，蓋爲無明妄想障蔽故也。衆生思慮之心，内典稱爲生死根本，乃六識分别，念念不停。雖極明利思想之用，徹於玄微，總不能證般若真智。若欲親證，須由三種漸次而入。一者文字般若，即三藏教典，及各宗著述，後學因此得開正見，不至認賊爲子；二者觀照般若，依前正見，作真空觀，及中道第一義觀；三者實相般若，由前妙觀，證得諸法實相，即與般若相應，便是到彼岸，可稱般若波羅密多矣。達摩一宗，專弘此法。六祖稱爲學般若菩薩，此乃以第六度爲禪，非第五度之禪也。近時根器下劣，不能剿絶意識，反以意識之明了處，認爲般若智慧，譬如煮沙，欲成佳饌，豈可得哉？」

《禪源諸詮集》 楊仁山先生曰：「融通宗教，會成一味。此其序也，全書久亡，求之東瀛，亦不可得矣。」書凡四卷。金陵刻經處出版，每部一册，一角六分。

《宗鏡録》 楊仁山先生曰：「此書以一心爲宗，照萬法如鏡，凡各家互相是非者，皆以深理通之，誠圓融無礙法門也。」書凡百卷。揚州藏經院出版，每部二十册，五元二角。

《萬善同歸集》 楊仁山先生曰：「一心具萬善，萬善歸一心，不滯有爲，不住無爲，行菩薩道之正軌也。」書凡二卷。金陵刻經處出版，每部三册，三角八分。揚州本一册，三角四分。

《心賦注》 楊仁山先生曰：「心無形相，而可賦乎？既賦矣，而又注之，誠描寫虚空之妙手也。」書凡四卷。金陵刻經處出版，每部四册，六角七分。

《高峯妙禪師語録》 楊仁山先生曰：「直截根源，脱落窠臼，最足激發參學人志氣。」金陵刻經處出版，每部一册，二角三分。

《中峰廣録》 楊仁山先生曰：「刊華就實，因事明理，其間鍛煉之穩密，勘辨之明確，無假借，無回護，凜凜然烈日嚴霜，誠宗門之巨擘也。」書凡三十卷。揚州藏經院出版，每部六册，一元六角三分。

天台宗部 釋經各部，隨入經藏，餘歸此宗。

《大乘止觀釋要》 楊仁山先生曰：「詳明三番止觀，皆先觀而後止，大師自證之法也。唯引《起信論》『能生一切世間出世間善因果故』之言，於『善』下添一『惡』字，蓮池大師辯之詳矣。」書凡六卷。揚州藏經院出版，每部二册，四角四分。

《釋禪波羅蜜次第法門》 楊仁山先生曰：「廣明各種坐禪法門。」書凡十卷。長沙上林寺出版，每部四册，七角二分。

《小止觀》 即《修習止觀坐禪法要》。楊仁山先生曰：「欲學坐禪，此法最爲切近。」書凡二卷。杭州慧空經房出版，每部一册，二角。

《天台四教儀集注》 楊仁山先生曰：「學天台教觀者，以此爲圭臬。」書凡十卷。杭州慧空經房出版，每部四册，五角五分。揚州本四册，六角六分。

《教觀綱宗》 楊仁山先生曰：「簡要不繁，最便初學。」書凡二卷。金陵刻經處出版，每部一册，一角二分。

傳記部 古聖高賢，流風餘韻，具載此篇。

《釋迦如來應化事跡》 楊仁山先生曰：「採集各經，繪圖二百八幅，大致依《如來成道記》。」書凡四卷。揚州藏經院出版，每部四册，一元六角八分。

《釋迦如來成道記注解》 宋道誠法師注解。此注徵引經論，源源本本，如數家珍，於後學大有裨益。石埭楊仁山先生以此記訂入釋氏學堂課程内，又選入佛教中學課本。揚州新刻本校勘不甚精密，此本從明初刻本録副重印。上海静安寺路醫學書局出版，每部一角五分。

《高僧傳初集》 楊仁山先生曰：「此書自漢迄梁，正傳二百五十七人，附見二百三十九人。」書凡十四卷。金陵刻經處出版，每部四册，九角。

《高僧傳二集》 楊仁山先生曰：「此書自梁迄唐，正傳三百三十一人，附見一百六十人。」書凡四十卷。揚州藏經院出版，每部十册，二元七角。

《高僧傳三集》 楊仁山先生曰：「此書自唐迄宋，正傳五百三十人。」書凡三十卷。揚州藏經院出版，每部八册，二元。案《明高僧傳》(即四集)，乃雜録見聞所及者數十人，僅可爲後來作僧傳者之資料，若遽以爲《宋高僧傳》之續，則非其倫也。

《禪林僧寶傳》 楊仁山先生曰：「此書取宋代宗門之傑出者，八十有一人，各爲傳而繫之以贊。」書凡三十卷。金陵刻經處出版，每部三册，六角五分。

《比丘尼傳》 楊仁山先生曰：「此書自晉迄梁，凡六十五人。」書凡四卷。金陵刻經處出版，每部一册，一角四分。

《居士傳》 楊仁山先生曰：「此書自漢以來，正傳二百二十七人，附見七十九人。」書凡五十六卷。揚州藏經院出版，每部四册，二元零四分。

《善女人傳》 楊仁山先生曰：「此書自晉以來，正傳一百三十八人，附見九人。」書凡二卷。金陵刻經處出版，每部一册，一角九分。

字典部

《翻譯名義集新編》 楊仁山先生曰：「此書内分六十四類，以梵語譯華言，並釋其義。」書凡二十卷。兹因原書不易檢查，故將各條照第一字筆劃之多寡爲次第，仿《佛學大辭典》體例，重行改編。更將各條之種種異名，以及各條中所引典故，一一揭出，編爲索引，冠於簡首。庶幾玄名妙義，一檢便得，無冥搜闇索之苦，洵爲考據内典之最善本矣。上海静安寺路醫學書局出版，每部一元。

仿大辭典例《三藏法數》 《三藏法數》五十卷，明永樂中一如法師等奉敕編纂也。凡《大藏》中關於法數之名詞，是書一一輯出，共計千五百五十五條。其解釋根柢經論，折中融貫，若絲連而璣組。凡艱深之理，尤能以淺顯之筆達之，原原本本，如數家珍。洵覺海之津梁，昏塗之束炬也。惟原書總目，尚不盡適用，欲檢查非法數之專名，頗有無從下手之苦。於是别編通檢，弁於簡端，將全書千五百五十五條中所引之專名，一一析出，多至一萬餘條，各依筆劃之多寡，編入通檢之内。偶一檢查即知某名詞在某葉某層，一覽瞭然，學者頗稱便焉。上海静安寺路醫學書局出版，每部三元。

《佛學小辭典》 各國專門學科，均有辭書可查，我國佛學，向乏辭書。無錫孫祖烈君仿

《辭源》之例，輯成《佛學小辭典》一書。凡藏經中一切專門名詞，皆搜羅詳載，析疑問難，開卷即知，誠研究佛經之津梁也。此書以日本織田得能氏《佛教大辭典》爲藍本，而以唐捐、懺怕、校飾等辭補入之，以成完璧。佃漁經論，肴饌諸家，非惟法數之統宗，亦爲全藏之金鑰也。上海静安寺路醫學書局出版，每部一元四角。

《佛學大辭典》　是書共十六厚册，一千七百餘頁，與甲種《辭源》相埒。其考據之精詳，搜羅之廣博，約比《佛學小辭典》多十倍。弘一法師曰：「是書搜輯甚富，可備隨時檢查。」顯蔭法師曰：「舉凡名數、真言、掌故、儀法等類，遍爲采集，無不搜羅。列部三十有三，檢一畫而諸字畢備；引證廣之又廣，閲一典而羣義可徵。意解心開，剖無窮之奥義；耳提面命，得無數之良師。入玄妙之法門，賴斯寶鑰；涉汪洋之教海，需此南鍼。」上海静安寺路醫學書局出版，每部十二元，郵費四角。

雜集部

《閲藏知津》　弘一法師曰：「此書爲藏經目録提要。」楊仁山先生曰：「此書分别部類，先後次序與藏本不同，每部之下，但載品中事理大概，使人自知綱要。」書凡四十四卷，金陵刻經處出版，每部十册，二元三角。

《法苑珠林》　楊仁山先生曰：「此書以佛經故實，分類編排，凡一百篇，大旨揮明罪福之由，以生人敬信之念。」書凡一百卷。印光法師曰：「《法苑珠林》一書，（常州天寧寺訂作三十本，蘇州瑪瑙經房訂作廿四本，瑪瑙經房板殘傷模糊，天寧寺板係新刻。）詳談因果，理事并進，事跡報應，歷歷分明，閱之令人不寒而栗。縱在暗室屋漏，常如面對佛天，不敢稍萌惡念。上中下根，皆蒙利益，斷不至錯認路頭，執理廢事，歸于偏邪狂妄之弊。夢東所謂『善談心性者，必不棄離于因果，深信因果者，終必大明乎心性，此理勢所必然也』。夢東此語，乃千古不刊之至論，亦徒逞狂慧者之頂門針也。宜請閱之，其利益當自知之，亦宜令一切知交閱之。（有正書局兩付板皆流通，須詳看首册有殘傷者，即蘇州板，勿請，天寧之板片紙張，悉皆完好。）」每部三十册，五元八角。

《慈悲道場懺法》 楊仁山先生曰：「此書俗名《梁皇懺》，内分四十品。禮懺法門，此爲最古。」書凡十卷。金陵刻經處出版，每部三册，六角五分。

《佛經精華録箋注》 道階法師曰：「此編皆攝取大藏及纂集部中精華中之精華而成，文雖極簡，理實貫徹大藏全書，無量法門，盡在於是。」上海静安寺路醫學書局出版，每部三角六分。

《禪門日誦》 楊仁山先生曰：「此書早晚課誦，爲僧家所必需，此外有可删者，存之以順俗也。後附《十宗略説》，用開初學知見耳。」金陵刻經處出版，每部一册，七角二分。杭州仿天寧寺本布面一册，八角六分。紙面一册，四角六分。

《弘明集》 楊仁山先生曰：「此書薈萃漢魏六朝高僧名士辯論三寶之作，文既遒雅，義亦切要。」書凡十四卷。金陵刻經處出版，每部四册，八角八分。

《鐔津文集》 楊仁山先生曰：「内多護教之言。」書凡二十卷。揚州藏經院出版，每部四册，一元。

《續原教論》 楊仁山先生曰：「此書辯論宋儒謗佛之言，最爲透澈。」書凡二卷。金陵刻經處出版，每部一册，一角三分。

《靈峰宗論》 弘一法師曰：「此爲明靈峰蕅益大師文集，近古高僧中知見最正者。先閲此種，自不致爲他派之邪説所淆惑。集中文字，深淺互見，凡淨宗、禪宗及天台、賢首、慈恩、密宗等，皆具説之，非專談一法也。可先閲法語及書信二類，但初學亦不能盡解，當於閲時自擇其所解者先閲，其難解者不妨暫緩。集中文字，篇幅不長，各爲起止，不妨跳躍閲覽。初閲佛書者，必不能一一盡解，但漸漸修習，其不解者亦可通曉，萬不可急求速效。又集中卷四之二，第四頁《孝聞説》，卷六之一，第十一頁《廣孝序》，卷七之四，第三頁《建盂蘭盆會疏》，可先檢閲之。」每部十册，二元二角二分。

《雲棲法彙》 楊仁山先生曰：「此書内分三類：一釋經，二輯古，三手著。門人哀集大師遺書，盡於此矣。」金陵刻經處出版，每部三十四册，六元五角。

《夢遊集》 楊仁山先生曰：「憨山老人著作甚多，解釋經論數百卷，各别流行。門人搜其遺稿，彙成此集。」書凡五十五卷。揚州藏經院出版，每部二十册，四元。

《等不等觀雜録》 此書爲楊仁山居士生平談内典之精華，其中論辨諸作，文字簡當，都中窾要。其餘敘跋書啓，亦在在皆能發揮諸宗之奥義，於闡揚淨土尤力。金陵刻經處出版，每部七角。

初學入門書　弘一法師曰：「以下六種，皆極淺近，且有興味，凡有不信佛法者，可勸其先閱此類。」

《佛學撮要》　梅光羲居士訂定。印光法師謂是書足開在家迷夢之膜，爲入法之前導。上海静安寺路醫學書局出版，有光紙，每部洋五分。連史紙大本，每部二角。

《佛學初階》　梅光羲居士訂定。印光法師曰：「是書於初學頗爲合機，以其先説因果，後説浄土，凡通文義者，皆能領會。讀之者自有欣欣向榮、欲罷不能之勢。演説者亦可就文宣説，不須東摘西採。誠爲勸人學佛之初步善本也。」上海静安寺路醫學書局出版，每部二角。

《佛學起信編》　梅光羲居士訂定。印光法師曰：「疇隱居士所著《佛學起信編》，光閲之，歡喜不既。藥無貴賤，愈病者良，法無優劣，合機則妙。當今世道人心，壞至極點，非因果報應的的可據之事，無以挽回。疇隱此書，其功甚鉅，不禁歡喜讚歎而爲同志告也。」諦閑法師曰：「此編後之幾類，發揮佛法功德，及崇奉佛法之功，漸漸導之以出世，此吾所謂較之《指南》爲尤勝也。」此書並經梅光羲居士呈奉司法部核准，認爲監獄教誨書。上海静安寺路醫學書局出版，每部五角。

《佛學指南》　梅光羲居士訂定。印光法師曰：「此書洵足以發聾振聵，啓迪後人。疇隱所著各書，惟此爲益最溥。」又曰：「此書一出，當必有戰兢惕厲，蒽蒽不安之懷，從兹務得實益，務遠實禍。自一人以及多人，自一生以及多生，蒙法利而沐佛恩，出苦海而登覺岸者，相繼無盡也。僅以此爲疇隱賀。」諦閑法師曰：「今日始將《指南》閲完一過，踴躍無量，善哉善哉！不敢增減一字，直是乘願再世，現身説法。」太虚法師曰：「《佛學指南》，編次簡明，條理精審，足以示學佛者爲學之塗徑，且於輓近諸口頭學佛者，尤爲對症之藥。」此書並經梅光羲居士呈奉司法部核准，認爲監獄教誨書。　上海静安寺路醫學書局出版，每部四角。

《六道輪迴録》　梅光羲居士訂定。　佛經中最足啓人疑竇者，爲六道輪迴。　此編援據近世各種事實，一一證明其疑竇。　其第八章導人以實行念佛，求生浄土，爲脱離六道輪迴之結論。而世間有漏之善，雖恒沙之多，不足以爲比擬也。　末附《叢談》一門，最能助閲者興味。　印光法師曰：「《六道輪迴録》、《佛學起信編》、《佛學指南》，實能令狃於見聞不知大道者，頓開眼界，回心轉念，知自己一向以坐井之見，妄測蒼天。　而先賢所記，蓋以宿根深厚，承佛遺囑，故能不昧己靈，以世諦語言事跡，轉如來隨機度生法輪，從兹生正信心，發菩提心，畏輪迴之劇苦，慕安養之極樂。　當必一倡百和，相率而出此娑婆，生彼極樂者，非算數譬喻之所能知也。」此書並經梅光羲居士呈奉司法部核准，認爲監獄教誨書。　上海静安寺路醫學書局出版，每部四角。

《學佛實驗譚》　梅光羲居士訂定。　此書言念佛之外，又須依《觀經》所謂「孝養父母，奉事師長，慈心不殺，修十善業。　具足衆戒，深信因果，讀誦大乘」等等。　故是書專輯關於孝悌、謹言、貞潔、慎獨、戒殺、戒盜、戒淫等事事實驗諸己。　學佛者果能將書中各條，身體而力行之，如金科玉律之不敢稍背，以此功德，迴向浄土，則他日之往生，其品必高，非帶業往生者所可比擬矣。　印光法師曰：「讀《學佛實驗譚》，不勝欣慰。　近世士人，多守拘墟之見，有以因果報應生死輪迴之事理相告者，則曰：『此稗官野史小説家憑空捏造者，何足信乎？』其人亦曾讀經觀史，雖見此種事，亦不體察其所以然，其拘墟也仍復如是。疇隱居士將歷史之因果報應生死輪迴等事，集之一編之中，上而《麟經》，下及《明史》，其事迹的的可考，彼拘墟者讀之，當必啞口不敢謂其無稽妄造矣。至於學佛一事，原須克盡人道，方可趣向。若於孝弟忠信禮義廉恥等事一不實踐，雖終日奉佛，佛豈祐之哉？良以佛教該世出世間一切諸法，故於父言慈，於子言孝，各令盡其人道之分，然後再修出世之法。譬如欲修萬丈高樓，必先堅築地基，開通水道，萬丈高樓，方可增修，且可永久不壞。若或地基不堅，必至未成而壞。語云：『選忠臣於孝子之門。』學佛者亦復如是。昔白居易問鳥窠禪師曰：『如何是佛法大意？』師曰：『諸惡勿作，衆善奉行。』欲學佛法，先須克己慎獨，事事皆從心地中真實做出。若此人者，乃可謂真佛弟子。若其心奸惡，欲借佛法以免罪業者，是何異先服毒藥，後服良藥，欲其身輕體健，年延壽永者之徒勞無功也。《學佛實驗譚》一書，堪破此弊，流通於世，大有利益。」上海静安寺路醫學書局出版，每部三角。

《佛教宗派詳註》 是書凡分十宗，曰：律宗、俱舍宗、成實宗、三論宗、天台宗、賢首宗、慈恩宗、禪宗、密宗、浄土宗。爲石埭楊仁山先生所著。提要鈎玄，於各家宗派，該攝無遺，不啻爲佛海之要津，法藏之寶鑰也。兹由無錫萬叔豪詳加注釋，追源溯流，務使閲者一覽瞭如。至若律宗中之三昧律師，密宗中之惠果大師等數十條，其事實爲世人所不易知者，亦莫不廣爲搜羅，一一詳細注解。有志研究佛學者，洵宜人手一編也。上海静安寺路醫學書局出版，每部四角。

《安士全書》　弘一法師曰：「此書揚州舊有木板二套，近由上海佛學推行社募印，已得四萬餘部。是書宜雅宜俗，人謂救世寶典，良不虚也。」每部七角。

《勸戒録類編》　原書爲梁恭辰所著。皆見聞的確善惡果報之事，直是晨鐘暮鼓，足以警迷覺妄。據事直書，婦孺皆可通曉。共九集，都五十四卷。惟學者每苦不易卒讀，濟陽破衲汰其糟粕，掇其精華，分别部居，得三十二章。兹由南昌梅擷雲居士嚴加删訂，節爲二十四章。册帙雖減，而書益精密。上海静安寺路醫學書局出版，每部二角。

《入佛問答類編》　吴縣江沅撰，杭州浄慈寺住持太虚法師分類重編。條分縷析，抉盡疑網，讀之足以激發信心。上海静安寺路醫學書局出版，每部二角。

《佛學之基礎》　梅光羲居士訂定。今之涉獵佛經者，大抵先明《楞嚴》、《圓覺》、《維摩》、《法華》等經，以及《唯識論》、《大乘起信》等論，往往一閲而未能卒業，或雖卒業而疑信參半，斯乃基礎未立。猶嬰兒尚未識淺近之字義，而遽使讀周秦以前之文也。勞而無功，固無足怪。若先畢業此書，而後再閲以上諸經，則勢如破竹，無半途中止之憂。上海静安寺路醫學書局出版，每部五角。

《死後之審判》　長洲彭紹升編。其中皆載生人而主冥獄，赫赫判案，彰癉森嚴之事。誠有人静對而諦參焉，則一念迴光，善惡相泯，頓見父母未生前面目，雖黑面老子，當亦拱手而避席矣。上海静安寺路醫學書局出版，每部一角。

《佛教感應篇》　無錫丁惠康編註。《太上感應篇》，著録於《宋史・藝文志》，爲勸善最古之書。釋氏弟子，以其收入《道藏》，爲道家書，故不喜閱。茲因師其意，甄録佛語以代之，名曰《佛教感應篇》。學者果能昕夕誦讀此書，事事反求諸夙夜、飲食、男女、動静、語默之間，一一貼向自家身心上做工夫，以去其六根門頭無量劫來業識種子，以還我本來面目之清浄性，自與諸佛菩薩把臂而行，同一鼻孔出氣矣。上海静安寺路醫學書局出版，每部六分。

《江慎修先生放生殺生現報録》

印光法師曰：「江慎修先生者，乃前清一代之經學大家，婺源明道潛修之隱君子也。博學多聞，無書不讀，而且愛惜物命，深信因果。故於放生吃素善報，殺生食肉惡報，隨所見聞，録以勸世。今其裔孫易園居士，鑄板廣布，冀挽殺劫。」上海静安寺路醫學書局發行，每部一角。外埠另加郵費一分。

保甯勇禪師曰：「夫看經之法，後學須知當浄三業。若三業無虧，則百福俱集。三業者，身、口、意也。一端身正坐，如對尊顔，則身業浄也；二口無雜言，斷諸嬉笑，則口業浄也；三意不散亂，屏息萬緣，則意業浄也。内心既寂，外境俱捐，方契悟於真源，庶研窮於法理。可謂水澄珠瑩，雲散月明，義海湧於胸襟，智嶽凝於耳目。輒莫容易，實非小緣，心法雙忘，自他俱利。若能如是，真報佛恩。」

普陀印光法師曰：「一切佛經，及闡揚佛法諸書，無不令人趨吉避凶，改過遷善。明三世之因果，識本具之佛性，出生死之苦海，生極樂之蓮邦。讀者必須生感恩心，作難遭想，浄手潔案，主敬存誠，如面佛天，如臨師保，則無邊利益，自可親得。若肆無忌憚，任意褻瀆，及固執管見，妄生謗毁，則罪過彌天，苦報無盡矣。倘鑑愚誠，則幸甚。」

附録　佛學叢書序跋及書目

丁氏佛學叢書序

佛先宣尼而生，

佛謂釋迦也。《隋書·經籍志》：「釋迦當周莊王之九年四月八日，自母右脅而生。」○宣尼，謂孔子也。孔子字仲尼。《史記·孔子世家》：「禱於尼丘，得孔子。魯襄公二十二年而孔子生。」○《通鑑輯覽》：「周靈王二十有一年冬十月庚子孔子生。」○漢平帝追謚孔子爲褒成宣尼公。北魏時，稱孔子廟曰宣尼廟。○左思詩：「言論準宣尼，辭賦擬相如。」○按：自莊王九年至靈王二十一年凡七十七年。

自爲一學，弟子傳其緒論遍於西土。

《隋志》：「釋迦在世教化四十九年，乃至天、龍、人、鬼並來聽法，弟子得道以百千萬億數。初釋迦説法，以人之性識根業各差，故有大乘、小乘之説。至是謝世，弟子大迦葉與阿難等五百人追共撰述，綴以文字，集載爲十二部。後數百年，有羅漢、菩薩相繼著論，贊明其義。」

其名、句、文身，

《三藏法數》十：「一名身，名即名字。《楞伽經》云：『名身者，謂依事立名。蓋一名非身，衆名連合，方名爲身。』又《唯識論》云：『名詮自性，是爲名身。』（名詮自性者，謂諸法自性由名而詮顯也。）二句身，句即句逗。逗，止也，住也。《大智度論》云：『天竺語法，衆語和合成句。如菩爲一字，提爲一字，是二不合，則不成語。若二和合，名爲菩提。』又《唯識論》云：『句詮差別，是爲句身。』（句詮差別者，謂諸法差別之相由句而詮顯也。）三文身，文即文字，爲名、句二法所依。故《唯識論》云：『文即是字，爲二所依。』又《楞伽經》：『名爲字身。』謂聲相有長短，音韵有高下，是爲文身。」

在佛學中，與吾六經聖賢之訓無異也。

《漢書·武帝紀贊》：「孝武初立，卓然罷黜百家，表章六經。」注：「六經，謂《易》、《詩》、《書》、《春秋》、《禮》、《樂》也。」

名物典故，何嘗不各有所寄？吾六經聖賢之訓，得有漢諸儒及南北朝經師取次考證。

魏六朝人經部之著作，今所存者，如漢孔安國之《書傳》，毛氏之《詩傳》，戴德、戴聖之《禮記》，何休之《公羊學》，鄭康成之《詩箋》、《三禮注》及《易注》、《箴膏肓》、《起廢疾》、《發墨守》、《駁五經異義》各輯本，趙岐之《孟子注》，魏何晏之《論語注》，鄭小同之《鄭志》，晉杜預之《左傳注》及《春秋釋例》，晉范寧之《穀梁傳注》。其餘正義所采南北朝諸儒之説，見於孔沖遠《進書表》中。

唐初孔沖遠之徒萃爲《正義》，

唐孔穎達，字沖遠，撰有《周易》、《尚書》、《毛詩》、《禮記》、《左傳》《正義》。

體幾大備。唯佛經晚出，譯者僅通其讀。

讀，音豆，句讀也。凡文字中語絶處曰句，半句曰讀。○韓愈《師説》：「彼童子師授之書而習其句讀者，非吾所謂傳道而解惑也。」○黄庭堅詩：「謄寫失句讀。」

疏通證明，實罕其人。其後雖有《音義》、《翻譯名義》等書，

後晉釋可洪撰《新集藏經音義隨函録》三十卷，唐釋玄應撰《一切經音義》二十五卷、釋希麟撰《續一切經

音義》十卷、釋慧琳撰《一切經音義》一百卷、釋慧苑撰《華嚴經音義》二卷，宋釋處觀撰《大藏經音義》三卷、釋法雲撰《翻譯名義集》二十卷。

未若漢唐解經，虛實兼濟。蓋岐而二之，率以達磨禪宗爲主。

《佛祖歷代通載》十：「初祖菩提達磨大師，天竺南印度國香至王第三子也。王薨，師出家，遇二十七祖般若多羅，付以大法。因問：『我既得法，宜化何國？』多羅曰：『汝得法已，俟吾滅度六十餘年，當往震旦國闡化。』」〇以思維直理、静息念慮之法爲宗，名曰禪宗。此宗始於達磨，其法唯静坐默念，發明佛心爲工夫。達磨在少林寺面壁九年，以無言爲心印，慧可得其心印，五傳至宏忍。自宏忍之下，傳至慧能、神秀二大師。慧能之禪行於南地，稱南宗。神秀之化盛於北地，稱北宗。南宗得祖師禪之神髓，而北宗僅得如來禪之迹也。六祖慧能之下，分南岳、青原兩系。南岳傳於馬祖，青原傳於石頭，而馬祖之下獨盛。其後分爲潙仰、曹洞、臨濟、雲門、法眼五家，至趙宋而臨濟又分爲楊岐、黄龍二派，故謂之五家七宗。

擯落言詮，理趨妙悟。

《覺者象傳》：「達磨尊者居少林九年，欲西返天竺，乃命門人曰：『時將至矣，汝等試各言所得。』時門人道副曰：『如我所見，不執文字，不離文字，而爲道用。』師曰：『汝得吾皮。』尼總持曰：『我今所解，如慶喜見阿閦佛國，一見更不再見。』師曰：『汝得吾肉。』道育曰：『四大本空，五陰非有，而我見處，無一法可得。』師曰：『汝得吾骨。』最後慧可，禮拜後，依位而立。師曰：『汝得吾髓。』乃以如來正法眼囑授慧可。」

此亦避難就易之一證。語録既興，

禪祖之語要，不事華藻，皆以俗談平話宣之。侍者小使，隨筆記録，名曰語録。説本《象器》十五。

求如道宣、贊寧已尠。

唐釋道宣，在隋之大業中從智首大師受具戒。唐武德中，充西明寺上座。撰《行事鈔》、《戒疏》、《業疏》、《續高僧傳》、《廣弘明集》等書。○宋釋贊寧，即左街天壽寺之通慧大師。撰有《宋高僧傳》三十卷。

今吾六經聖賢之訓，謗之者已負意行、口行、身行之罪。

《法苑珠林》：「阿闍世王問：『多舌童女，不殺人，亦不偷盜、妄語，何因便墮阿鼻泥犁？』佛語闍王：『我所說緣法，有上中下身、口、意行。意行最重，口行處中，身行在下。』」案：謂謗佛先由意生，述之於口，然後身行，即吾儒家誅心之論。

佛學在今日中，名爲鑽味者夥，

《世説新語》：「《莊子·逍遥篇》諸名賢所可鑽味，而不能拔理於郭、向之外。」○郭璞《客傲》：「徒費思於鑽味。」○梁元帝《高祖謚議》：「加以鑽味微言，研精至道。」

實則積下諸籤，欲叩無所。

《世説新語》：「殷中軍讀《小品》，下二百籤，皆是精微，世之幽滯。嘗欲與支道辯之，竟不得。今《小品》猶存。」

與吾六經聖賢之訓，同嗤點爲灰塵，而不自覺矣。

干寶《晉紀總論》：「蓋共嗤點以爲灰塵而相詬病。」

經學自王輔嗣已壞漢人家法，

《世説新語》注引《王弼别傳》曰：「弼字輔嗣，十餘歲便好老莊，通辯能言。」○《四庫提要》：「王弼盡黜象數，説以老莊。」又曰：「《易》本卜筮之書，故末派寖流於讖緯。王弼乘其敝而攻之，遂能排擊漢儒，自標新學。」○南宋趙師秀詩：「輔嗣易行無漢學。」

郭子玄、張處度之於子，

《世説新語》注引《文士傳》曰：「郭象字子玄，河南人。少有才理，慕道好學，託志老莊，時人咸以爲王弼之亞。象作《莊子注》，最有清辭遒旨。」○《四庫提要》：「晉光禄勳張湛作《列子注》。據湛《自序》，其母爲王弼從姊妹。湛往來外家，故亦善談名理。其注亦弼注《老子》之亞。」○張湛字處度。

屏實鶩華，唯在闡旨。風氣既開，有響斯應。然兩晉六朝諸僧與通經大儒，咸能彼我互用，舉足名家，非若今日通以語言文字爲筌蹄之棄也。

筌，魚笱也。蹄，兔罝也。《莊子》：「筌者所以在魚，得魚而忘筌。蹄者所以在兔，得兔而忘蹄。」此當觀《弘明集》、《廣弘明集》，自知彼我互用之説。

吾友丁君仲祜，本以經生研精訓詁，

《論衡》：「説一經之生。」○張説詩：「大塊鎔君品，經生偶聖時。」○江藩曰：「説經之道，以訓詁爲第一要事。訓詁通，斯經義自無不通矣。詁者，古言也，謂以今語解古語也。訓者，順也，謂順其語氣以解之也。以今語解古語，則逐字解釋者也。順其語氣以解之，則逐句解釋者也。時俗講義，何嘗不逐字逐句解釋？但字義多杜撰，語意影響，與所謂訓詁有别。訓詁者，必古有是訓，確實見之故書，然後引而釋經。不附會，不穿鑿，不憑空而無據。兩漢諸儒，類皆明於訓詁，故其立説切實可靠，不同宋人之以空言説理者。」語見《經解入門》，以下引藩説皆同。

既乃上究軒岐本經，

軒岐，軒轅岐伯也，爲醫家之祖。本經指黄帝《素問》、《靈樞》而言。〇丁復詩：「傳家況有軒岐秘。」〇《宋史·選舉志》：「諸科終場，問本經大義十道。」

爲大醫王以救世。

《無量義經》曰：「醫王、大醫王分别病相，曉了藥性。隨病授藥，令衆樂服。」

又復爲晁、陳目録之學。

《四庫提要》：「《郡齋讀書志》四卷，宋晁公武撰。《後志》二卷，亦公武所撰。始南陽井憲孟爲四川轉運使，家多藏書，悉舉以贈公武。乃躬自讎校，疏其大略，爲此書。」又曰：「《直齋書録解題》二十二卷，宋陳振孫撰。《癸辛雜識》又稱：『近年惟直齋陳氏書最多，蓋嘗仕於莆田傳録夾漈鄭氏、方氏、林氏、吴氏舊書至五萬一千一百八十餘卷，且仿《讀書志》作解題，極其精詳』云云。則振孫此書，在宋末已爲世所重矣。」又云：「鄭玄有《三禮目録》一卷，此名所昉也。其有解題，胡應麟《經籍會通》謂始於唐之李肇。案：《漢書》録《七略》，書名不過一卷。而劉氏《七略别録》至二十卷，非有解題而何？今所傳者，以《崇文總目》爲古。晁公武、趙希弁、陳振孫，並準爲撰述之式。」案：目録之學，至本朝而極盛，《四庫總目》爲最鉅之一種。〇江藩曰：「目録者本以定其書之優劣，開後學之先路，使人人知某書當讀，某書不當讀，則爲易學而成功且倍矣。吾故嘗語人曰：『目録之學，讀書入門之學也。』」

今則謝絶一切，顓以箋疏佛經爲業。

《隋志》：「佛經者，西域天竺之迦維衛國浄飯王太子釋迦牟尼所説。」

略用漢人及兩晉六朝治經之法治之，

《元史·黄澤傳》：「蜀人治經，必先古注疏。澤於名物度數，考覈精審。」

實事求是，不爲模糊景響之語。

實事求是，見《漢書·河間獻王傳》。〇江藩曰：「凡説經，一字一義必當求其實據。原原本本，敘出來歷，方爲可靠。若以想當如是之法行之，依稀仿佛，似是而非，此名虚造。」

於佛門破除障礙，考其訓詁，攝以體要。由《八大人覺經》以下，已得十許種。此身未了，將繼續成之，竟此宏願。真可謂志大宇宙，勇邁終古。

《世説》：「何次道往瓦官寺禮拜甚勤，阮思曠語之曰：『卿志大宇宙，勇邁終古。』」

謝客云：「成佛必須慧業文人。」

謝客，謝靈運也。《梁書·鍾嶸傳》：「謝客爲元嘉之雄，顔延年爲輔。」〇《詩品》：「王微風月，謝客山泉，皆五言之警策者也。」〇《南史·謝靈運傳》：「會稽太守孟顗，事佛精懇，而爲靈運所輕。嘗謂顗曰：『得道應須慧業文人，生天當在靈運前，成佛必在靈運後。』」

謝所注經，尚有奇零可考，

謝靈運《金剛經注》，尚散見於各家《金剛經》注解中。

亦箋疏之學也。謝嗤他人，謂成佛必在靈運後，然則流連景響，逐騖虚無者，皆當在仲祜後矣。唐人言天上無愚懵仙人，

唐沈汾《續仙傳》：「侯道華常好子史，手不釋卷，一覽必誦之於口。衆或問之：『要此何爲？』答曰：『天上無愚懵仙人。』」

天下抑豈有不讀書僧徒乎？治佛學者，取仲祜箋注經一一讀之，庶幾識所歸嚮，

毋輕掉機鋒

宋楊億《傳燈録序》:「機緣交激,若拄於箭鋒。智藏發光,旁資於鞭影。」○蘇軾詩:「機鋒不可觸。」又詩:「鈍根仍落箭鋒機。」

而云全體在是,則治佛經者猶可名學。否則,皆立無義以救饑爾,

《世説新語》:「愍度道人始欲過江,與一傖道人爲侣。謀曰:『用舊義往江東,恐不辦得食。』便共立心無義。既而此道人不成渡,愍度果講義積年。後有傖人來,先道人寄語云:『爲我致意愍度,無義那可立?』治此計,權救饑爾,無爲遂負如來也。」

而謂不負如來,

如來爲佛十號之一。如者,寂然不動。來者,感而遂通。此佛之真性,故稱佛爲如來。○《大日經疏》一:「如諸佛乘如實道(真如平等,體離虚妄,故曰如實),來成正覺。今佛亦如是來,故名如來。」

吾不信也。戊午端午節,揚州興化李詳撰。

李先生詳,字審言。自署揚州興化人,以别於閩之興化也。著述等身,名滿海内。與福保相識有年,頗同臭味。福保前輯詩話,先生曾序之。今見福保箋注佛經,慫恿精進,先爲總序以要其成。先生好奇愛博,文語多不經見,因略爲疏之,亦古人注書例也。

戊午端節後二日,丁福保識於海上寓廬

佛學叢書總序一

陳嘉遯

無錫丁仲祜居士，隱居滬濱，以藥王、藥上本事度人者有年矣，大心耳其名而未謀面也。近聞其將佛經多種，一一箋註，名曰《佛學叢書》，印行於世。意在法施大衆，度人法身，而深慮末法之世，不易流通也。大心聞之，不覺恭敬合掌，稱揚讚歎曰：「善哉善哉！是人難得，是註難能。」遂匯寄印資，分擔責任，函請先寄十種二百册。大心即以是本爲衆演講。多數同志，獲益無量。大心告以凡讀經者，當閱箋註，則經中名言義諦，平日之所不解者，一旦明了矣。並云：「我獲是利，故説此言。」於是轉相傳述，手各一編。月未再圓，而二百册告罄矣。一日閲是箋註者之諸同志與大心門弟子等，集於大心寄殘旅泊之堂，問於大心曰：「我等閲是箋註，心懷狐疑，猶豫不決，願爲開釋，以滌心垢。」大心曰：「恣汝所問，當爲解説。」曰：「我等心有十疑，不獲開解。何等爲十？一者，無言菩薩摩訶薩有云：『一切諸法，悉無文字，亦無言辭。何以故？一切衆生，皆悉自然，無諸言教，及衆想念。』今以訓詁之法，施於佛經，令當來衆生，落言辭想，生文字障，無自不然，妄起言教。是疑者一。二者，訓詁之法，始於漢儒，博學多聞，震旦所重。然以佛法衡之，則係説食不飽，數貨常貧。世法固佳，聖道則否。今以此法箋註各經，在利根者，因文解義，緣註明心，而鈍根人多，將覆蓋於訓詁之幕而不得出。是疑者二。三者，屏除我見以經註經，不自臆造，固屬直心，而讀經弗解者，讀箋註依然弗解，不徒勞乎？是疑者三。四者，我佛留經，原令當來衆生，受持奉行，心開意解，入於三乘，唯一佛乘。所謂：『處於意止，見諸法源；於覺意法，入於慧源；觀察澹泊，善滅之源；所歸念者，如意趣源；分别道者，法義之源；神通達者，漏盡之源。四等心源，諸度無極。』今箋註諸經，令後之覽者，囿於句下。豈不令求正法者反多阻礙乎？是疑者四。五者，如來正法，猶如八角大如意珠，妙光暉暎，清淨玄妙，無諸瑕垢，無有穢惡，建於幢首，照曜一切無量佛土。衆人所志，若有所求，皆令得願。今箋註各經，囿於世諦，若如意珠，葬於塵埃，結集衆垢。豈非自污而污聖經？是疑者五。六者，如來説法，乃爲三有一切衆生不得已而有言辭。阿難尊者結集十二部經，留傳後世，不得已而有文字。故如來終教，拈花微笑，正法眼藏，教外别傳，付於摩訶迦葉尊者，迦葉傳於阿難尊者。至二十八代，達摩尊者有緣震旦，爲法東來。爾時震旦義疏多文，汗牛充棟，衆生沉溺，將無出期。故達摩以無念爲宗，不立文字，直指人心，見性成佛。至三十三祖惠能尊者，始有《法寶壇經》一卷，亦是弟子所記，非是著述。如是觀念，則晉唐以下義疏，已屬節外生枝，增人纏蓋。今以經註經，更加徵引，不更駢指外之又駢指乎？是疑者六。七者，一切行人，既是佛子，當具正見，『見一切法，悉皆平等。我見、衆生見、空見，不名正見；衆生見、命見、空見，不名正見；我見、斷見、空見，不名正見；有見、無見、空見，不名正見；佛見、法見、僧見、空見，不名正見。若有人著如是見者，不名正見；若不著者，乃名正見。何以故？正見者，無一分别，平等無二。凡夫法下，學法爲上，名爲非平等見。凡夫法漏，學法無漏；凡夫法食，緣覺無食；凡夫法垢，菩薩法淨；凡夫有爲，佛是無爲：如是見者，非平等見。若能觀察凡夫之法乃至佛法，無有差别，乃名平等。若能觀見凡夫法空，至佛法空，是名正見；觀凡夫法從因緣生，辟支佛法亦從緣生，乃名正見；若觀凡夫法寂静，菩薩法亦寂静，是名正見；若觀凡夫法不具足，乃至佛法亦不具足，是名正見；若觀我與無我無有差别，無差别見，乃名正見。若如是見，則不見於上中下法，於一切法亦無覺觀，是名正見。正見者，名無所見；無所見者，即是正見。若如是見，名佛正見。』藥王焚身，爲捨我執；無盡獻絡，爲除法愛。今箋註各經，識心分别，妄生高下，不名正見。今閲之者起妄執心，生諸邪見，阻菩提路，障涅槃門。是疑者七。八者，中陰身義，佛説有《中陰經》，聞大心演講者審矣。今仲祜先生所著鬼談，似將中陰身與鬼混而爲一，與佛經及大心所説者，不無歧異。究竟二説孰是？是疑者八。九者，我等依於大心歸人，聽講正法。大心爲我等口述筆演，從十善業起，開人天路，度三塗苦。復説出世大因，遠離四相，應正遍知，遠離四漏，永斷四取，染淨二因，悉皆脱離。更説二十八天，何謂欲界，何謂色界，何謂五不還天，何謂摩醯首羅天；彌勒因何居於兜率；出世聖賢，何故由廣果而出；無色界四，何不曰天而名曰處；四處所居，是何人類。復説聲聞小乘、辟支中乘、菩薩大乘，唯一佛乘，如何開悟，如何修證，如何心量，如何境地；其稱謂名字，作何講解；其緣覺、獨覺、等覺、妙覺、無上正覺之精微處，何以不同。至於諸經所載之一真法界、二性空、三觀、三執、三寶、三身、三藏經典、三如來藏、三世、三世間、三千大千世界、四土、四果、四法界、四智、五濁、五陰、五教、五戒、五眼、六根、六塵、六識、六相、六度、六通、七趣、七大、八識、九次第定、十道、十宗、十方、十戒、十正刹、十伴刹、十二處、十二有支、十二因緣、十二部經、二十重佛刹、無量無邊無數恒沙刹海，其名義以及真實義諦。本於諸經，及古德註疏，以淺近言，爲之講説。更將人死爲中陰身，其留住者有幾等，其發放者有幾道；又中陰身與鬼不同，如何即謂爲鬼；所謂地獄、餓鬼、畜生，是否自入，抑係有神主管，驅使令入。《周易》之言鬼神情狀，《論語》之言未知生焉知死，《老》、《莊》之言生死，儒教之説死生，以及西學靈魂之説，與佛説、老莊説、儒説，有無同異，一一爲我等演講。即如來灌頂之法，秘密真言法門。雖無可授之人，亦曾略談梗概。大心高足無爲子者，恐日久忘失，隨時速記，十得一二，删繁就簡，言逾億萬。至於與諸同志弟子等書札問答，解説義諦，盈篇累牘，幾將等身。數年以來，未聞大心以之印行於世。雖經同志弟子等再三瀆請，終不允行。而所作《觀經箋註序》中，乃云有志補救，自愧學疏，豈以此功德讓之於仲祜先生乎？抑別有用心耶？是疑者九。十者，仲祜先生印行箋註各經，招股收價，大心發願流通，原價轉售。財施耶？法施耶？若謂財施，此是經典；若謂法施，云何收價？若謂財施而兼法施，是遁飾語，非菩薩行。菩薩之施，既施之後，不求施戒定報。見慳罪過，遠離慳貪。以所修善，迴向菩提。今之所爲，不相違背乎？是疑者十。有是十疑，願爲解釋。」大心聞已，熙怡含笑，默然而住。大衆如是三請。大心爲宣流法音故，現迦陵頻迦身，殷勤誠懇，以柔軟語，出和雅音，安慰於諸同志及門弟子曰：「善哉善哉！難得此問。汝等十疑，意義所有，我已悉知，待汝啟請。汝暫舉心，塵勞先起。要當澄懷寂慮，屏除識心。爲求法故，意解清淨，至心諦聽。吾爲汝等分別解説：諸善知識！汝等既欲研求無上菩提，真發明性，應當息絶妄想，直心酬答。不得以世諦見，横生執著，自取纏縛。捏目生花，非根性咎。善知識！如來無語言文字之旨，爲上根人説；有語言文字之旨，爲中根人説；但以語言勸令隨喜，而作佛事，種諸善根，爲下根人説；非有非無，亦有亦無，佛法非法，何況非法，乃爲最上根人説。三根普被，三有齊資。隨衆生心，應所知量。豈可拘於一隅之見，而和合三根以教之乎？仲祜箋註，乃爲中根人説法者也。依此箋解，不落邪道；依此註觀，有大利益。若必執爲佛法尚無，何有文字，則如來諸經，無須結集；古德註疏，亦爲多事。汝等疑無自體，誰令汝疑？疑解解疑，疑何所在？汝等當知，於心離心。心於諸法，不勞往返，恒以平等。觀斯衆事，於諸所觀，無有高下，無有文字，亦無言説，不可究竟。亦無所有，無有放逸，亦無自恣，更知無有此際，不度彼岸。又於此彼，而無所住。以無所住，亦無所著。亦無文詞，無有演説。無文字已，不復滅除一切思想。如是如是，汝等一疑不須疑也。善知識！末法之世，鈍根人多，讀經發心，依言生解，求之今世，已不多得。焉能讀經離經，閲註捨註？更焉有無經無註，無有文字，一字不識，言下開悟之六祖惠能哉？故以訓詁之法，箋註諸經，爲當來之急務也。若謂覆蓋於訓詁之幕而不得出，是汝心自生幕，非幕幕人；自覆自蓋，非訓詁咎。譬如叚食衆生，貪食過飽，而得臟病。謂是病因，由噉飯起，永不復食。是義云何？」「否也，大心。何以故？大衆俱食，未曾獲病。彼自過飽，因貪病生。」大心曰：「汝亦如是。箋註如飯，食者充饑。若起貪求，則難消化。因是獲病，爲怨阿誰？汝之二疑，實爲多慮。善知識！諸經義疏，古多專家，浩瀚淵深，畢生莫解。以致閲義疏者，聞而起畏，望面生阻，並如來金經，亦同棄擲。且後代學者，性質暗鈍，不能於古德義疏之外，别出會心。以經註經，最爲精當。故仲祜半生博學，多聞過人，仿訓詁之法，箋註諸經。以大悲心，印施大衆。若讀經不解，閲註依然。是乃自心滯闇，不反三隅。要當悔過自責，懺除宿障，重復開讀，自然了解。若謂此乃以經註經者之過，是祇知責人，不知責己，純爲俗見。是大誤也。汝之三疑，不攻自破矣。善知識！汝言我佛遺經，原令當來衆生，受持讀誦，心開意解。今箋註諸經，令閲者囿於句下，求正法者，反生阻礙。是義不然。所以者何？《法華經》有云：「若復有人，受持、讀誦、解説、書寫《妙法華經》，乃至一偈，於此經卷，敬視如佛。應示是諸人等，於未來世，必得作佛。」經義分明，受持以至書寫，僅止一偈，於未來世，必得作佛。何況箋註者，皆是經語？若能一心敬視，其饒益豈有限量？何至令求正法者反生阻礙？如以誦讀世書觀念，而讀箋註各經，作文字觀，存學問想，是乃自囿，非經囿人。汝云：「四等心源，諸度無極。如是意止，方爲真心；如是諸度，方云無極。」慎勿自誤，更以誤人。汝之四疑，全是識心測度也。善知識！如來正法，猶如大如意珠，無有瑕垢穢惡，誠如所言。而如來表法，亦以芬陀利華。如是妙華，生於穢惡泥中而不自染，何曾結集衆垢，自污污他？本無有淨，更何言穢？如是雙亡，尚名二法；離中道義，名爲一乘。汝云：『箋註各經，囿於世諦，若如意珠，葬於塵埃。』汝實不知，離世諦便無聖諦，捨塵埃即是塵埃。汝將自心，葬於塵埃。自失寶珠，不知尋覓。曰箋曰註，處處成著。汝乃自污，聖經何穢？所疑之五，自不能成。善知識！文字者，金經之表；言辭者，文字之表；拈花微笑者，無言之表。若謂無語言文字，即是我佛如來，則汝心中，必謂光音天人即是無上正覺。如是斷見，終歸無想。上入四空，窮空不歸，必遭後有。牛領上蟲，恐將爲君虛一席矣。達摩東來，一花五葉，傳至六祖，結果自成。此乃釋迦如來於拈花會上，預爲印記，破震旦衆生執著文字之障。以其不知成佛本心，人人本有，個個圓成。故以無念爲宗，不立文字，直指人心，見性成佛。要當知，咎在執著，不在文字。若無文字，佛何留經？汝謂：『古德義疏，爲節外生枝。箋註徵引，謂爲駢指。』是乃邪見，存斷滅心。切勿自誤，更誤人也。所疑六者，速自悛改。善知識！汝言：『既是釋子，當具正見。』佛言如是，誰謂不然？汝所辨正見與非正見，義甚微妙。經有是義，行者當知。但汝既云：『當具正見。』汝何自具邪見，疑人正見？汝云：『凡夫之法，乃至佛法，無有差別，乃名平等。』汝何自生高下，心不平等？汝云：『起妄執心，生諸邪見。』汝何自起妄執，見是誰邪？仲祜箋註各經，開菩提路，示涅槃門。汝以妄執邪心，反疑障阻。汝心自執，因妄成邪。障由自生，疑人爲阻，汝之七疑，云何成立？善知識！無情之山河大地，非三世不可以循環；有情之三界衆生，非三世不可以輪轉。成、住、壞、空，無情之三世也；生、老、病、死，有情之三世也。過去、未來，前後併計，中有、現在，即中陰身。山河大地若以成爲現在，則空爲過去，住爲未來；若以住爲現在，則成爲過去，壞爲未來。壞空之義，亦復如是。三有衆生若以生爲現在，則死爲過去，老爲未來；若以老爲現在，則生爲過去，病爲未來。病死之義，亦復如是。山河大地空劫之時，一無所有，以諸佛願力、諸大菩薩悲力、衆生業力，爲山河大地再成之原。三有衆生身死之後，一無所有，以多生業力、自心願力、前生業因，爲再世生身之本。憂悲苦惱，居其大半。此中所陰，名中陰身。善者爲天神地祇，惡者他道受生。天神非是天人，地祇非是地仙，地獄乃是轉生，餓鬼另一業道。大地獄在閻浮中心，小地獄在海邊嶽下。餓鬼道在大小兩鐵圍山中間，然有三十六種，散處於世間曠野，與尋常之中陰身，大同而實異。世人不察，不知人死有中陰身。即知之者亦多混中陰身與地獄、餓鬼爲一類物。老莊之言生死，儒者之言鬼神，西學之言靈魂，與我佛之説，自不相濫。然仲祜之談鬼，乃是附刻，本與佛經不相關，用啟常人知幽明之故耳。非可與佛經箋註等並觀也。汝之八疑，可釋然矣。善知識！大心歸人，業深障重，多生淪墜，誤到今生。但既知業緣乃宿生造，既有是業，即有是緣。償足自停，還完自了。故今生今世，所以孳孳念佛讀經、勤修淨業者，正爲我業無盡，故衆生之業亦無盡；衆業無盡，故我業不盡。平時懷想，普示哀憐。自無始以至今日，業浪常漂，癡城難啟。薰蒸於畏宅之焰，回旋於生死之輪。已溺已飢，不足方喻。故雖一介凡夫，無有聖智，而問一臠於大鼎，窺半斑於全豹。觀念一切同胞，知萬法本閑，而衆生自鬧；虛空無花，而瞖者妄執。頑猴捉月，癡犬逐塊，人波鬼火，水性無殊。故以凡夫蕞爾之軀，具菩薩大悲之願，明自本心，悟自本性。存菩薩心，行六度行，演大覺大聖我佛如來之大法，普度有情。灑法雨於三千，出衆生於火宅，自他兼利，自有行願周圓之一日。然回視孑然一身，於佛法中，毫無所得。每每拾佛牙慧，作口頭禪，筆述口談，爲人演講。此不過一息既在，上報佛恩。實副無期，敢膺恭敬。貢高增上，是地獄因。既所明知，焉肯故犯？是故無爲所記，雖千萬言，而故紙陳言，不肯災梨禍棗。更不敢以此一知半解，自誤誤人。此大心區區苦衷，平日不肯以之掬示於人者，今則明白相告矣。仲祜先生箋註各經，乃以經註經，皆賢聖語，既非臆造，更非虛言。以大悲心，公之於世，與大心所敷演者，迴乎不同。無量功德，我佛實明鑒焉。汝等以世諦心，入吾知見；以世間解，測度大心。是不但不知大心之心，更不知仲祜之心者也。汝等九疑，疑人太過矣。善知識！佛説菩薩布施，有其多種，不作分別觀，而有分別行。施者二種：曰財施，曰法施。財施又二：曰外財施，曰内財施。法施亦二：曰無形法施，曰有形法施。身以外者爲外財。是智者覩佛明典，覺世無常，財非己有。故以之拯拔衆厄，空己濟窮；慈育人物，悲憫羣生；飢者與食，渴者與飲；寒衣熱涼，疾濟以藥；車馬舟輿、名珍衆寶、妻子宅舍，索即惠之，無不可施，貪心自滅，是謂外財施。是智者知身無常，榮命難保。故手足耳鼻、身分血肉、頭目腦髓，自身所有，無不施者。投鷹飼虎，無執恪心，無施不可，慳心自無，是謂内財施。如是施者，施有分別，心無分別。有分別行，無分別觀。又因一切衆生，無不畏死，故心無殺害，不食其肉。名無畏施。又因一切衆生，佛典難遇，正法難聞，聖衆難得供養，如優鉢曇華，時一有耳。覩一切衆生，芸芸擾擾，其苦難量。吾當存天地心，爲旱作潤，爲漂作筏，爲病作醫，爲冥作光。若有濁世顛倒之時，吾當於中，爲作佛事，度彼生衆。於斯之時，或爲演説正法，或爲流通經典，或爲印造聖像，令其供養，有形無形，法施無異。如是智者，無論財施、法施，無求報心，以佛之四無量心、慈心相向，悲心哀憫，喜彼得度，護濟衆生。一切皆爲依止阿耨多羅三藐三菩提故，故於内外財施，不求施報。而於一切法施，則令衆生捨財，除其慳吝，令增智慧；供養三寶，減其貪念，令種聖因。仲祜之印經收價，志在流通；大心之原價轉售，志在輪轉。皆本是意，而爲作用，於菩薩行，一無違背。汝疑之十，當豁然矣。諸善知識！汝等十疑，吾已一一分別，爲汝解釋。汝等回心，微細揣摩，有無餘惑。」即時同志與諸大衆，默然自失，聞是開示，身心皎然，踊躍歡喜，得未曾有。前之所疑，猶如冰釋，禮於大心，兼禮仲祜，異口同音，而宣言曰：「吾等佩於仲祜，愛於仲祜。蒙其饒益，而不自知，更多疑惑，而生誹謗。願大心爲吾等懺悔。」所言既畢，各歸於座。大心説已，遂罷法座，入於盡聞精舍，休息三昧。結跏趺坐，身心寂静，承佛神力，不離於座。於一時頃，過去世間八十小劫，仍在住劫之第九減劫末法之世。過去之佛，亦名釋迦牟尼，滅度已二千九百四十四年。未來之佛，亦名彌勒，尚未出世。在於堂中之諸同志門弟子等，凡在座者，同仗佛力，亦過去八十小劫，未起於座。爾時大心念諸同志與門弟子等，愍諸世間大衆，及於大道一切同胞，心不放捨。從三昧起，安詳而住，重蒞講堂，再臨法席。普告同志及大衆言：「卿等有緣，聽吾演説，已知迴心，趣大菩提無上妙覺。汝猶未知是箋註經，於此世間，有十種大饒益事。」大衆白言：「我等讀如來經心得開悟，聞法音聲而知解脱，聽大心開示而獲悟入，心境淺陋，不了是事。願垂弘慈，爲我敷演，亦令當來衆生，得大利益。」大心言：「卿等諦聽！吾當爲汝分別開示，亦令當來諸有漏者獲菩提果。諸善知識！云何爲十大饒益事？一者，是箋註經，有益於此一閻浮提；二者，有益於震旦諸國；三者，有益於人天六道；四者，有益於如來正法；五者，有益於比丘沙門；六者，有益於文人學士；七者，有益於愚蒙凡夫；八者，有益於誦經而不解義諦者；九者，有益於閲經者兼知諸經；十者，有益於仲祜自身。是爲十。云何一益？南瞻部州，五濁已極，而大乘根器，多生其中。較之西、北、東三州，雖福德弗如，而智慧實勝。然生於南州者，既福德已虧，對他慚愧，若不讀金經，不求智慧，但知尋衣覓食，愛世間樂，醉生夢死，輪轉六道。回心自思，能無汗下？上負諸佛，下負自身。

今有是箋註各經，既非古德義疏之繁，又非後人臆造之說，售價輕廉，求者易得。因是開悟，所值幾何？如來捨身，爲求一偈。古人一偈，立證菩提。況今值三小災將臨，全球戰爭，互相殘殺；魔力充斥，菩薩束手；殺人積骨，將等須彌。不於此時，速讀金經，早求開悟，人身難得，更待何時？吾故願此一閻浮提中大衆同胞，速讀此箋註各經，轉殘忍識爲慈悲念，化多婬心爲智慧火，易干戈爲玉帛，銷兵氣爲佛光。共享昇平，根本解決。是乃急務，勿視迂緩也。是爲一大饒益。云何二益？震旦諸國，雖知讀經，但重文字；雖解佛法，目爲宗教。不知如來正法，妙義無量，佛無上尊，非宗教比。乃竟以佛經中言，作門面欺人語，學他棒喝，有背佛心。甚至攘利爭權，排除異己，三毒蘊結，謂是淨因。以故魔道衆多，人天減少，茫茫浩劫，無有了期。即諸大菩薩救濟爲懷，無論如何神力，不能將衆生宿因，擲於他方世界；雖菩薩智慧爲力，不能破魔力之癡；雖菩薩力之曉解法空，不能化魔力之受諸見而自住；雖菩薩誠實爲力，不能化魔力之欺詐；雖菩薩力之大慈大悲，不能退魔力之是我所、非我所；雖菩薩之三解脱門，不能消魔力之淫、怒、癡門；雖菩薩力之不生不滅，不起法忍，不能斷魔力之終始往來生死。今有是箋註各經，人各一編，自消往業；家喻户曉，共息爭心。上感天和，下安黎庶；真心平等，躋大文明；三寶不絕，挽回劫運，正其時也。是爲二大饒益。云何三益？天人日少，帝釋咨嗟；三塗衆多，閻羅慼疾。當此之世，際斯之時，孔道凌夷，將歸澌滅；《詩》《書》《禮》《樂》，大劫難回；基督天方，力更薄弱。非我佛大慈大悲、大喜大捨之心，無量無邊無數無盡之法，不能拯救人心，挽回世道。江河日下，胡底堪憂。今此箋註諸經，易於了解。雖一時流通匪易，而潛移默運，心願已遍十方。三有齊資，天人欣樂。人心若轉，世運可移。大地黄金，卜諸異日。是爲三大饒益。云何四益？佛法至今，已成末法。彌勒出世，尚須待時。故地藏菩薩摩訶薩，於百千萬億劫來，專於此無佛世界中，從恒沙禪定起，普度六道衆生。凡是時人類，皆是三塗衆多，人天鮮少。故地藏本願，於此三塗世界中施大神力也。今正地藏菩薩了願之時，分百千萬億化身，不敷展布。今箋註各經，乃爲地藏少分責任。昌明佛法，即報佛恩。是乃知毘盧成佛，在於衆生心中，便是爲毘盧任事人也。是爲四大饒益。云何五益？比丘沙門，古稱賢智，名山大剎，固不乏人。而目前則市井之徒，僭號釋子，不遵遺教，敗壞佛法，始於比丘。下等者身著法衣，飲酒食肉，貪求供養，稗販如來，造無間因，受無量苦。中等者誦讀一二部經，行於邪道，爲衣食故，名利是營；或寫字吟詩、奕棋作畫、交結仕宦，高雅自鳴；忘自本來，貪求世諦。上等者誦讀金經，兼知義諦；深山自守，忘卻衆生；求辟支乘而未能，問大乘法則而不解。即云開悟，妙諦弗知。雖穢業比居士爲輕，而心垢較天人爲重。十纏、五蓋，猶是凡夫；四智、三身，一無所獲。滔滔皆是，出没堪憐。今有是箋註諸經，凡出家者得有是册，一一誦閱，如法修行，自然拔楔出釘，化除先見；夙業頓盡，同生極樂矣。是爲五大饒益。云何六益？文人學士，囿於世見，即讀老莊，不離欲界。心爲界限，學爲世拘，即或偶讀金經，作文字觀，存學問想；於詩詞書札之中，引用經中章句，博雅自矜；於自身心，毫無裨益，命盡壽終，蠹魚是伍。古今若輩，深可哀也。仲祜深知因緣爲癡相，法義爲黠相，故以智慧善權方便，入於一切愚癡文學之士，教授彼彼諸凡夫等：以文字道，示義令悦；以經註經，不參我見；爲現照明，不與冥合；教化一切，除其重擔，以智慧事，隨其自然心性，順一切人之所欲，從其本行，而爲説法，各令歡喜，其心開解，不捨大悲之本。譬如大鳥之王，在山頂住，而不肯鳴。得其輩類，乃闡鸞音，救是大衆，無異羣鳥，墮於網羅。有一迦陵，在網羅外，不覺哀鳴，願爲普度。是爲六大饒益。云何七益？愚蒙凡夫，往來五道，受苦受樂，不識原因；萬死千生，終無了日。無上妙法，億劫難值。今有箋註各經，流行宇内，識字者可以自讀，不識字者可以求人講解。一經歷耳，永種勝因，曠劫雖遥，出頭有日。仲祜以虛空量，調御衆生，以御諸法。猶如衆水，歸於大海，合爲一味，無分别相。是爲七大饒益。云何八益？世人讀經，但知誦讀，解義希有。故如來有云：『若末世人，能解義者，是人難得。』今仲祜爲世人除冥，救護衆生。故以經註經，爲諸羣生，令三寶不絕。凡讀是箋註經者，即可了解如來真實之義。譬如曼陀羅華，柔軟妙好，其香周匝，聞一世界。若有疾者，聞此華香，其病即愈。如是智者，以賢聖智，發大慈大悲之香，普遍衆生，令得安隱，遍能解除一切塵勞之病。吾於仲祜箋註之經，亦如是説。是爲八大饒益。云何九益？世人閲經，難於周遍，既因牽於世諦，又復智力薄弱。百年轉眴，已失人身。若欲讀盡如來十二部經，法法俱解，生生不忘是願，已非百世不可。況此百世中，能皆爲人身乎？今箋註諸經，以經爲註。讀是一册，遍閲諸經，一日之功，可抵十年之力。是乃仲祜以菩薩無限無礙辯才，惠施大衆，令一切人，因是章句，不求義而得義，不見利而獲利。譬如日月，照淨不淨，既無喜悦，亦無憎惡。又如甘露潤於高下，既無多心，亦無少想。如其覆盆不照，敗種弗芽，當自悲傷，他無偏重也。是爲九大饒益。云何十益？仲祜是大乘根器，其心平等，本末空寂。猶如金之與寶，不作異觀，其物一等，但名有異。是故智者，不著字數。今以經解經，箋註多種，印行於世，令三寶之數，不至斷絶。註一切經，講一切法，心無恐懼，心不懈怠，無所疑難，亦無畏怯。了知一切諸法皆爲非法，是故不恐不懼，不懈不怠，不疑不難，不畏不怯。猶如飛鳥騰空，迴翔自在；又如獅子震吼，百獸皆驚。發清淨意，智度無極，無高無下，爲法所住。無高下故，則器堅牢。是謂不增塵垢，不損佛法。以慧明觀，等無有異，如是心行，可稱智者。譬如大海，立於地中，最爲始成，故能含受一切江河諸流。如是智者，以無慢故，破除我見、教見、衆生見。種聖道因，作大乘行，自度度他，以其所知，悉數布施，得立於一切佛法之頂。如仲祜者，可謂獲大饒益而不負自身者矣。是謂十大饒益。諸善知識！汝等獲讀諸經，即是與佛有緣；聽大心演説，即是與大心有緣；讀是箋註而獲利益，即是與仲祜有緣。有是勝緣，毋自虧負，應當生生世世，勿忘我今日在是堂中，説是因緣大事。各各發心，廣爲流布；勸世間人，讀箋註經。諸善知識！如來度汝，已出生死。汝記我語，即報佛恩。善各護念，勿令忘失。」大衆聞已，歡喜踊躍，信受奉行，恭敬合掌，作禮而退。於時大心入於無相、無願、無住三昧，於一刹那頃，入如來室，報告於毘盧遮那如來曰：「今彼娑婆世界閻浮提東方末法之中，有一善根衆生丁氏仲子，名福保，字仲祜者，箋註釋迦如來所遺諸經，印行於世，名曰《佛學叢書》。是人功德，當獲何利？」佛言：「善哉善哉！將此深心奉塵刹，是則名爲報佛恩。是人有之。善哉丁氏仲子！世間福田，諸佛之所護念也。閻浮提中人，如有發願流通是箋註經者，是人功德，不可思議。我印是人，速證菩提。汝當爲序，以廣流通。」大心白佛言：「唯然世尊！願不有慮。」如是三白佛言：「唯然世尊！願不有慮。」爾時佛讚大心歸人言：「善哉善哉！吾助汝喜。」時中華民國七年，歲在戊午中秋月夜。大心歸人門下弟子無爲侍者，默記於開封大城怡怡園中寄殘旅泊之堂。大心曰：「此勝緣也。」乃付郵以達仲祜，即以爲《佛學叢書》序品。

咄！何物大心？乃敢於娑婆世界劫濁、見濁、煩惱濁、衆生濁、命濁中，以凡夫身，現如來相，指天指地，顧眄雄毅。爲諸衆生，説法無畏。安得假雲門大棒，一棒打殺與狗子喫？待到無量百千阿僧祇劫，從地獄中鑽出頭來，再爲我等説如是法。那時節方是我等鈍根衆生，從無始起，盡未來際，第一樁快心如意之事。呵呵！

鈍根居士書後

佛學叢書總序二

吾友丁君仲祜，性好節儉而能施予。曾在鄉里創設貧民教育社，首捐三千金爲一邑倡。又捐書籍千餘金於邑中圖書館。君性本澹泊，於十年前已不食肉，今則雞鴨魚蝦之類亦屏不食，終日饘粥而不厭。君性尤嗜書，家藏十餘萬卷。年持六籍，日決百氏，丹黄評隲，午夜未休，嚌其胾而咀嚼其膏味者已二十餘年矣。君在此二十年内，先後所著書，可分爲四大部：一曰《醫學叢書》，以《臨牀病理學》《近世内科全書》爲最著，猶古之《内難經》及《傷寒》《金匱》也；一曰《文學叢書》，以《全漢三國晉南北朝詩》爲最著，堪與嚴鐵橋先生之《全漢三國晉南北朝文》相對峙，即冠於《全唐詩》《全金詩》之上亦無愧色；一曰《進德叢書》，以《少年進德録》爲最著，猶朱子小學而較爲淺近易讀，今則推行最廣，銷數已達萬數千部矣；一曰《佛學叢書》，以《佛學大辭典》爲最著，猶宋之《翻譯名義集》而詳贍則十倍過之者也。此四大部書，其卷帙之浩博，以古人之著作仿之，猶弇州山人之《四部稿》乎？然今之治佛學之居士，大抵自負絶學，而苛責他人以非其道。對於仲祜之《佛學叢書》，雖未寓目，而每好譏彈。吾恐仲祜之刻佛書，或因此而中輟，故以近世文人相輕之陋習，略舉數事，爲仲祜勗焉。昔臨川湯義仍，痛詆弇州山人《四部稿》，甚至以評抹之本，散置几案間，特使弇州見之。然數百年後，《四部稿》無恙也。當時雖評之抹之，竟不能損及其秋毫。戴南山鄉居時，有妒之者號於市曰：「逐戴生者視余。」羣兒從之，紛如也。南山貢於京師，鄉之人在京師者，相戒勿道戴生名。其後嫉之甚者，大興文字獄，《南山集》視爲禁書。然數百年後，《南山集》無恙也。當時之妒南山而毁其集者，早已殁世而無稱焉。崑山有吳修齡者，著《正錢録》，攻摘虞山不遺餘力。計甫草先生戲語吳曰：「僕自山東來，曾游泰山。登日觀峯，神志方悚慄，忽欲小遺甚急。下山且四十里，不可忍，乃潛溺於峯之側。恐得重罪，然竟無恙。何也？山至大且高，人溺焉者衆，泰山不知也。」吳躍起大駡。吳梅村先生聞之，頗是計言。迄今《正錢録》久已無傳，而《牧齋集》仍無恙也。仲祜所著各書，其道德學問，足以自傳於後，必不在《四部稿》《南山集》《牧齋集》之下。愼勿以區區之浮言而自灰其初志也。仲祜聞之而謂余曰：「子説辯矣。然吾意則别有在。先民有言曰：『兼聽則明，自用則闇。』《佛學叢書》，人有訂其誤者，吾因此而更正之，是吾師也。書本不誤，而人以爲誤者，亦吾友也。佛教本自無諍，諍則失其本恉。能得無諍三昧者，此心宜如恒沙。諸佛菩薩步履而過，沙亦不喜；牛羊蟲蟻踐踏而行，沙亦不怒；珍寶馨香，沙亦不貪；糞尿臭穢，沙亦不惡。無心之心，離一切相，此黄檗禪師之言也。余學之而尚未至，奚敢與人争是非得失而自生瞋恚乎？博地凡夫，未明心地，未能自度度人，誤落文字障中，而欲自比於《四部稿》《南山集》《牧齋集》，以冀垂名於後世，豈不謬哉？《傳燈録》古靈禪師傳曰：『蜂子投窗紙求出，師覩之曰：「世界如許廣闊，不肯出，鑽他故紙。」』吾之文字障，鑽故紙類也。善夫雪峯大師之言曰：『我若東道西道，汝則尋言逐句。我若羚羊掛角，汝向什麽處捫摹？』吾其棄東道西道之文字障矣乎！」余頗以仲祜之説爲然。即録其言以序其簡端，並以質諸未寓目而好爲譏彈之居士。

民國八年十月吴葆真序

佛學叢書自序

丁福保

吾國之有叢書，由來舊矣。小戴甄録三代制度而爲《禮記》，不韋收集晚周遺説而成《吕覽》，説者謂後世叢書，權輿於此。陸龜蒙著《笠澤叢書》、王楙著《野客叢書》，始有叢書之目。然審其體例，一則爲唐人專集，一則爲宋人雜録，非近世之所謂叢書也。其彙萃羣書而爲一編者，惟宋寧宗時俞鼎孫集《石林燕語》等七種，刊爲《儒學警悟》四十卷，實爲叢書之始。至明則有《百川學海》《漢魏叢書》《唐宋叢書》《津逮秘書》等，裒集益廣。迨乎有清，則有《雅雨堂》《士禮居》《别下齋》《守山閣》《平津館》《讀畫齋》《文選樓》《粤雅堂》《墨海金壺》《學津討源》《知不足齋》《海山仙館》等各叢書，皆搜奇集勝，流播藝林者。此叢書之名，至近代而益著也。余自垂髫後，即喜披覽典墳。爲義理、詞章、考據之學者十餘年。奔走衣食，任算學教授者六年。繙譯醫書，爲人治病者十餘年。積書至十餘萬卷，而於各種學問，皆一知半解，未能深入其奥窔。惟涉獵之餘，性喜刻書，因成《醫學叢書》《文學叢書》《進德叢書》，凡三部。然蹉跎荏苒，年逾四十，而道不明，德不立，曉夜以思，爲之懼且恥，茫乎未知人生之究竟爲何也！於是悉棄其向所爲學，一心學佛，聚經典至萬餘卷。積數年之力，鑽研窮究，始知内典之博大精深，非世間書籍所能比擬。余時時冥思諦觀，追憶釋迦成道後，於三七日説《華嚴經》；其後十二年中，於鹿野苑説小乘之《阿含經》；其後八年中，説方等部經；其後二十二年中，説般若部經；其後八年中，説《法華經》；滅度時，於一日一夜，説《涅槃經》。吾如目見其事，耳聞其聲，而面領其誥誡也。佛滅度後，經七日夜，迦葉、阿難等與五百羅漢，在耆闍崛山中結集三藏經典。吾亦無不歷歷在目，若承其耳提而面命也。吾又如入鳩摩羅什、玄奘法師之室，見其翻梵天之語成漢地之言，發凡起例，含毫而屬思也。又如入隋唐以來諸註疏家之室，與諸高僧上下其議論，而親接其謦咳也。凡此種種妄想，往往發現於雞鳴風雨、若明若昧之際，欲排遣之而不可得。已又悲如來出世妙法，雖極盡精微，而衆生爲業力所障，不肯深心切究。生不知來，死不知去，輪迴六道，無有了期。吾聞古之君子，見患難則相救也，聞善言則相告也。兔死狐悲，物傷其類，鹿得美草，尚呼其羣。物且如此，而況於人！於是欲流通經典，爲煩惱海中設一慈航，普渡含靈。截斷生死流，登彼涅槃岸，以躋之於清泰之域。惟經文奥衍，非註不能明也。而古注尤爲難讀，非初學所能會悟。思之思之，又重思之，惟有捨棄一切，發弘誓願，編纂初學入門之書及佛學辭典，與別爲淺近之箋註焉而已。所謂淺近之箋註者，須字字考其來歷，句句求其證據。既不敢空談滉瀁，游衍而無歸，又不敢顯分宗派，出奴而入主。乃用漢儒註經之例，以之爲模範焉。夫大藏十二部經，皆先聖之遺言。時而説有，時而説無，時而有無俱遣。時而説權，時而説實，時而權實並存。初學之時，最難融會。及至用力既久，豁然貫通，則語語印心，毫無疑義，然非所以語初學也。如爲初學説法，僅可多引彼此相通之説以證從同。猶儒家以《爾雅》《毛詩》互證名物之通別，以《儀禮》《禮記》互證古制之通變，以《尚書》《周官》互證三代之因革也。亦猶《易》之與《詩》、《詩》之與《書》《禮》、《孝經》之與《論語》、《小戴禮》之與《大戴禮》，皆互相爲表裏也。古天竺諸大菩薩，去聖未遠，親承佛指，微言大義，猶在人間。其所造論，皆與經義相出入，其事實詳贍，可補各經之未備。是猶《春秋》之有三傳也。六朝以來各家註釋，大抵各有師承，其發明經義之處，究非後人所能企及。是猶三《禮》之有鄭註也。夫經也，論也，古註也，以及諸子百家也，皆吾注經之所以取資者也。考儒家自漢以來，所傳五經諸子，如毛萇、馬融、鄭玄、趙岐、何休、高誘等，曰傳、曰註、曰學、曰章句。皆以博聞多見，函雅故，通古今，不假裒集，獨揭名氏，以自爲一家。後此何晏於《論語》、范甯於《穀梁傳》、薛瓚於《史記》《漢書》，皆高挹羣言，然猶不敢自專，故曰集解、曰集註。至杜預之註《左傳》，獨没古註名字，使古今莫别。顔師古之註《漢書》，亦悉没其姓名而掠有之。非司馬貞、張守節等發之，幾無由知其乾没矣。故余之箋註佛經，凡出於某經某論及某註某疏者，皆一一標其所出，不敢蹈杜氏、顔氏之覆轍。蓋一以避穿鑿附會之譏，一以明剽竊攘善之不可也。昔王十朋謂秦延君註「堯典」二字，至十餘萬言，而君子譏其繁；丁子襄註《周易》一書，纔二三萬言，而君子恨其略。箋註之難，難於詳略適得其當，自昔而已然矣。佛經之註，過繁則閲者厭倦，未終卷而輒棄去；過簡則語焉不詳，不能有所發明。余力求繁簡得中，欲免此二者之弊，惜有志焉而未逮耳。嗚乎！法海無涯，偶嘗一滴，管蠡之見，所得幾何？率爾操觚，安敢遽爲定本？未能自度，先欲度人，以盲引盲，人己兩失。甘露不善用之，而翻成毒藥，是余之所大懼也。然必待自度而後度人，恐度人終無其時，此余所以毅然決然而箋註佛經者，職是故也。今以箋註之已脱稿者十餘種，與學佛門徑書及佛學辭典等，都若干種，合而名之曰《佛學叢書》云。或謂西來祖意，無説可說，無聞可聞。所以拈花微笑，授受相傳，言語道斷，心行處滅。法尚應捨，何況箋註！余曰：譬之以鏡照花，花不在鏡，而緣鏡可以見花；以水映月，月不在水，而借水可以指月。西來祖意，本無關於箋註，而即箋註可以通經典，而通經典即可以悟佛祖西來之旨也。余願世之學人，如緣鏡照花，得見真花，并無花可得，方可打破其鏡；借水映月，得見真月，并無月可得，方可傾去其水；藉箋註以通經典，因經典以求佛祖真義，并無義可得，方可拋棄其箋註。如其未然也，寧以研精箋註爲學佛之第一步階梯可也。既明箋註，即明經文。既明經文，即知經文之不可不細讀，讀之不可不深思，思之不可不力行也。若學者既明既讀既思而不力行，則經自經，我自我，買櫝還珠，說食數寶，必不能獲絲毫之益矣。學者勉乎哉！學者勉乎哉！嗟乎！名利恩愛，世諦中畢竟成空；生老病死，真體上本來無有。終日喫飯，何曾嚼著一粒米？終日著衣，何曾掛著一條絲？然則終日註經，何曾說著一句法？雖具廣長舌，日著數萬言，於本來面目上，有何益損？迴念身世，孽重障深。生死事大，無常迅速。淨土之資糧未備，而吾年將五十矣。曰箋曰註曰叢書云者，皆未免豐干之饒舌也。

民國九年八月第一次將初稿毁版重印，附識於此，以記歲月。

佛學叢書跋

余幽居之暇，悄然疚懷。晝維掩卷，瞑卬天地；夕或然火，驅使煙墨。傳癖或同杜氏，書淫酷似劉生。焠掌絶韋，久而彌摯。弱齡則棗昏不慧，綺歲則樗散無成。雖三載京華，一渡瀛島，而支離顛悴，故我依然。忽忽中年，身世多故。正平剌滅，屢窘輿臺；叔夜燈殘，頻逢鬼魅。弔古則幾番劉項，傷時則滿地袁曹。世事蒼涼，知交零替。枯槎八月，誓不浮天；止水一杯，詎肯朝海？甘作不鳴之雁，免爲聚響之蚊。顧天下之無人，爲之太息；求天竺之遺籍，竟以忘年。韶華未老，藉念佛以往生；歲月多閒，仗箋經而送日。學尋墜緒，業守顓門。議必徵諸古人，論不離於師法。微言指示，即佛家度世之車；妙義敷陳，亦儒者牖民之鐸。取贍有同於雞跖，拾遺無厭乎獺殘。余之馳騁六籍，看核三藏，如鑄銅於山，煮鹽於海，網羅經論，包容萬有者，以期屈彼空言，伸兹管見也。昔康成之箋《詩》也，宗毛而時異毛；其註《周禮》也，本杜而時背杜。余少習鄭書，奉爲圭臬；壯注釋典，竊有師承。每下一籤，消門户黨同之習；或下一解，無阿私所好之嫌。然井蛙測海，詎識津涯；夏蟲語冰，敢矜博雅。戴宏不作，誰著解疑；劉炫難逢，詎知規過？左太冲十年三賦，未必無瑕；劉穆之一日百函，焉能盡妙？惟郝隆書在，曬腹偏多；揚子經成，覆瓿不懼。蛇虚畫足，鵠不中心。燕石非席上之珍，郢書豈枕中之秘。千金敝帚，聊以自娱；一割鉛刀，伊誰見賞？不自慚惶，深堪閔笑。晉釋道安注經序曰：「非敢自必，必值聖心。庶望考文，時有合義。」吾之注經，姑亦如此云爾。

濟陽破衲

佛學叢書書目一

總發行所：上海梅白格路宏昌里二百〇四號，即愛文義路新閘巡捕房後面醫學書局

敝局所印各種佛經，皆用《詩》《書》箋註之例，使字字考核清楚，句句皆有來歷，不肯杜撰一字，不敢穿鑿一句。既便於初學，又便於文人，更便於識字比丘、三皈居士。謂余不信，試一讀之。以下各經，皆是實價，並無折扣。外省請經者，該款可從郵局匯寄，如郵匯不通之處，可將郵票代之，照章作九五折算，寄書郵費外加。函索目録，須附郵票一分。外省紙幣以及外國鈔票，照收到日兑見計算。國内公債票、印花税票及外國郵票，一概不收。

佛學書類

一　佛學入門書

書名	價格	郵費
連史紙小本佛學撮要	○·一二	○·○九
連史紙大本佛學撮要	○·二四	○·一一
佛學初階	○·二四	○·一一
佛學宗派詳註	○·四八	○·一三
佛學起信編	○·六○	○·一三
佛學指南	○·四八	○·一一

六道輪迴録	〇・四八	〇・一三
佛學之基礎	〇・六〇	〇・一一
佛藏經籍提要	〇・〇四八	〇・〇九
佛學實驗譚	〇・三六	〇・一一
死後之審判	〇・一二	〇・〇九
勸戒録類編	〇・二四	〇・一一
入佛問答類編	〇・二四	〇・一一
學佛捷徑	〇・四八	〇・一三
佛教感應篇	〇・〇七二	〇・〇九
離苦得樂法	〇・〇七二	〇・〇九
苦樂源頭	〇・一〇八	〇・一一
西方確指	〇・一二	〇・一一
盂蘭盆經箋註	〇・一二	〇・一一
素食主義	〇・〇五	〇・〇九
紀文達公筆記類編	〇・三六	〇・一三
法雨晨飛	〇・八〇	〇・一一

法華三經（附論及懺儀）	一·四四	○·一六
法華經句解	一·四四	○·一六
圓覺經略疏	○·五四	○·一三
維摩經箋註	○·四八	○·一三
楞伽阿跋多羅寶經義記	○·五○	○·一三
讀大乘起信論捷訣	○·三六	○·一一
成唯識論文釋併記	三·三六	○·一六

六　佛學辭典

佛學小辭典	一·六八	○·一六
佛學大辭典	一四·四○	○·六二
附沖南木箱	一·八○	
翻譯名義集新編	一·二○	○·一三
三藏法數	三·六○	○·一六
一切經音義（附通檢）	七·○○	○·二三
一切經音義提要	○·三六	○·一一

道學書類

道藏續編第一集	三・六〇〇	〇・一六
道藏精華録一百種	三・〇〇〇	〇・三九
附沖南木箱	一・八〇〇	
道學指南	〇・三六	〇・〇九
老子道德經箋註	一・二〇〇	〇・一三
老子玄玄解	〇・四〇〇	〇・〇九
至道心傳	〇・三〇〇	〇・〇九
靜坐法精義	〇・四八	〇・一一
太上感應篇纘義	〇・一二	〇・〇九
三聖經讀本	〇・〇九六	〇・〇九

佛像類

佛像全份二十五種	〇・五四	〇・一三
大張西方極樂世界莊嚴圖	〇・〇四八	〇・〇一
大張飄海觀音像	〇・〇四八	〇・〇一
大張西方三聖像	〇・〇四八	〇・〇一
大張羅繪西方三聖像	〇・〇四八	〇・〇一

大張地藏菩薩像　○·○四八　○·○一
觀世音菩薩、送子觀音像合張　○·○四八　○·○一
觀十八臂觀音像、十八臂觀音像合張　○·○四八　○·○一
趙繪飄海觀音像、飄海觀音像合張　○·○四八　○·○一
飄海觀音像、送子觀音像合張　○·○四八　○·○一
阿彌陀佛像、寒山拾得像合張　○·○四八　○·○一
韋馱像、華嚴海會圖合張　○·○四八　○·○一
靈山法會圖、達摩祖師像合張　○·○四八　○·○一
穢跡金剛像、准提菩薩像合張　○·○四八　○·○一
西方接引圖、彌陀法會圖合張　○·○四八　○·○一
西方三聖像、釋迦牟尼像合張　○·○四八　○·○一

《佛學小辭典》

孫祖烈編。　各國專門學科，均有辭書可查，我國佛學，向乏辭書。　無錫孫祖烈君仿《辭源》之例，輯成《佛學小辭典》一書。　凡藏經中一切專門名詞，皆搜羅詳載，析疑問難，開卷即知，誠研究佛經之津梁也。　此書以日本織田得能氏《佛教大辭典》爲藍本，而以唐捐、懀怕、校飾等辭補入之，以成全璧。　佃漁經論，肴饌諸家，非惟法數之統宗，亦爲全藏之金鑰也。　《管子》曾言

「老馬識途」，是書其爲由生死岸赴涅槃城之前驅矣。世之有志於内典者，閱是書，庶不致驚汪洋而悲歧道也。一册。一元六角八分，郵費一角六分。

《佛學大辭典》

丁福保編。本編考據之精詳，搜羅之廣博，約比《佛學小辭典》多十倍。凡佛經中一切專門名詞，爲文人學士所不易解者，今皆一一爲之詳解，可謂一切佛經之總注也。又爲各圖書館、藏書家、和尚、居士、文人、學者等必備之書。十六册。十四元四角，郵費六角二分。

仿大辭典例《翻譯名義集新編》

宋法雲大師編，丁福保重編。是書原本二十卷，六十四目，以經典所用之語，分類編列。如係梵語，則譯以華言，並詳其得名之由及沿革。誠讀内典者不可少之書也。惟原書不易檢查，今特將原書各條照第一字筆劃之多寡爲次第，仿《佛學大辭典》體例重行改編。更將各條之種種異名，以及各條中所引典故一一揭出，編爲索引，冠於簡首，庶幾玄名妙義一檢便得，無冥搜闇索之苦，洵爲考據内典之最善本矣。一册。一元二角，郵費一角三分。

仿大辭典例《三藏法數》

明一如法師等編纂。《三藏法數》五十卷，凡大藏中關於法數之名詞，是書一一輯出，共計千五百五十五條。其解釋根柢經論，折衷融貫，若絲連而璣組。凡艱深之理，尤能以淺顯之筆達之，原原本本，如數家珍，洵覺海之津梁，昏塗之束炬也。惟原書總目，尚不盡適用，遇非法數之專名，雖欲檢查，頗有無從下手之苦。於是別編通檢，弁於簡端，將全書千五百五十五條中所引之專名，一一析出，各依筆劃之多寡，編入通檢之内。偶一檢查，即知某名詞在某葉某層，一覽瞭然，學者頗稱便焉。三册。三元六角，郵費一角六分。

正續《一切經音義》附通檢

唐釋慧琳撰，遼釋希麟撰。是書網羅古訓，音釋梵典，摭拾綦廣，包孕彌富。攷正聲義，辨覈字體，大抵遵漢魏經師遺説。而旁取唐以前各字書，華藻雲披，妙義綸貫。乃至西土梵音，人文地理，亦皆不遺不溢，囊括羣有，理事無礙，信乎無美而勿臻，誠儒林不可少之書，亦釋家必宜備之本也。六册。特價七元，郵費二角三分。

《佛教宗派詳註》

楊仁山著，萬鈞註。是書凡分十宗，曰律宗、俱舍宗、成實宗、三論宗、天台宗、賢首宗、慈恩宗、禪宗、密宗、浄土宗。提要鈎玄，於各家宗派，該攝無遺，不啻爲佛海之要津，法藏之寶鑰也。兹由無錫萬叔豪詳加注釋，追源溯流，務使閲者一覽瞭如。至若律宗中之三昧律師，密宗中之惠果大師等數十條，其事實爲世人所不易知者，亦莫不廣爲搜羅，一一詳細注解。有志研究佛學者，洵宜人手一編也。一册。四角八分，郵費一角三分。

《六祖壇經箋註》

丁福保箋註。六祖慧能大師，姓盧氏，新興人。辭母直造黄梅東山，腰石舂米。既得法，回南海法性寺，開東山法門，後歸寶林寺。一日謂衆曰：「吾於五祖忍大師處，受法要并及衣鉢，今汝等信根純熟，但説法要，衣鉢不須傳也。」此經爲大師在壇上所説之經，皆大乘圓覺之旨，爲禪宗之傑作。上根人閲之，可以明心見性，頓悟無生。兹復詳加箋註，引證繁博，集禪宗之大成，閲此有左右逢源之樂。觀宗寺方丈禪定法師曰：「《壇經》俱明心見性、真參實悟之談，疇隱以文字般若，明實相般若，而發爲斯註。博引旁搜，如入瑯嬛天府；句斟字酌，發揮古德名言。即文字以見菩提，不著文字，而不離文字。讀者於言下見自性，而勿徒求諸文字之間。吾深爲讀是註者幸，并爲讀是註者告焉。」一册。一元二角，郵費一角六分。

《盂蘭盆經箋註》

丁福保箋註。是經爲佛門示孝之經，釋迦文佛之大弟子大目犍連得大神通，見其生母墮餓鬼道，欲救未能。佛爲説法，得生天上。今天中節之盂蘭盆會，即根於此。讀此一經，不但知佛法廣大，且孝悌之心亦油然而興矣。末附談鬼數頁，亦可知鬼神之情狀。一册。一角二分，郵費九分。

《佛經精華録箋註》

丁福保箋註。道階法師序曰：「此編皆攝取大藏及纂集部中精華中之精華而成，文雖極簡，理實貫徹大藏全經，無量法門，盡在於是。閲是編者，苟於一句一偈，悟得心源，便能於一色一香境，徹見中道。佛性一透徹，一切透徹，如嘗大海一滴之味，便同大海全體之味。將來行同諸佛，位證無生，未嘗不從今日一悟始。法施功德，詎有涯哉？」一册。四角三分二，郵費一角三分。

《無量壽經箋註》

丁福保箋註。《無量壽經》者，是則兩尊出世洪範，諸佛同讚勝乘，八萬四千法門，無如是之捷徑，誠爲西方之指南，净刹之津梁者也。今特詳加箋註，於各經論及《净影疏》等書中多所引證，固已極盡衆詮。兹復覓得關於净土著述中所罕見者如《嘉祥疏》、憬興《述文讚》、義寂《述義》、支謙、帛延等説，窮搜博采，經旨於以益明。極樂安養之國，有此眼目，可立臻也。二册。一元二角，郵費一角三分。

《觀無量壽經箋註》

丁福保箋註。是經因阿闍世王欲害其父，并幽其母，其母厭棄娑婆惡世，願生無憂惱處。

釋迦牟尼佛即爲其母韋提希説西方阿彌陀佛國土莊嚴，并授以十六種觀法，觀成即得往生。今此書中有宋朝人所繪之精妙圖象三十五頁，誠爲修浄土宗者不可不觀、不可不讀之經也。箋註全用漢儒註經之例，不敢杜撰一字，句句皆有來歷，最便閲者。一册。五角四分，郵費一角三分。

《阿彌陀經箋註》

丁福保箋註。《閲藏知津》曰：「《阿彌陀經》，佛在祇園與比丘、菩薩、諸天大衆俱，無問自説，告舍利弗。稱西方極樂世界阿彌陀佛不可思議依正功德，勸人發願求生，但以執持名號爲行，復引六方各恒沙佛出廣長舌勸信流通。今時叢席皆奉之爲晚課，真救世神寶，圓頓上乘也。」諦閑法師序文云：「佛法之妙，莫妙於浄土；浄土之妙，莫妙於持名；持名之妙，莫要於此經。」一册。二角四分，郵費一角一分。

《觀世音菩薩靈感録》

丁福保編。觀世音菩薩，於吾中國最有緣，故屢顯種種靈感。是書共九章，首《總論》，次《虔奉觀世音像之靈感》，次《念觀世音菩薩名號之靈感》，次《念大悲咒之靈感》，次《念心經之靈感》，次《念觀音十句經之靈感》，次《念白衣經之靈感》，末殿以《靈感叢録》。凡觀世音菩薩古今來靈感之事，大抵皆萃於此矣。一册。二角四分，郵費一角三分。

《成唯識論文釋併記》

清吴樹虚著。乾隆間吴西泠居士解釋。王文治序，謂「居士以鄭王諸家注經之苦心，用之梵典，作《唯識文釋》十卷，凡三十餘年而後成。其致力之處，唯在蠲除我見，照原文註解，深入而淺出之。原文之外，絶不增一義，且不增一字，此之謂了名言者也。此書一出，凡後來之留心相宗者，獲一莫大之津梁」云云。夢樓先生之言如此。余讀之，覺此書句句明白，字字清楚，確爲通《唯識論》之一大捷徑。原刻每部五元六角，今重印本每部實價三元三角六分。外埠函購另加郵費一角六分。

《道學指南》

損損齋主人編。損損齋主人編。共七章，第一章爲《靈魂不滅之證據》，第二章《離魂》，第三章《入冥》，第四章《今孽》，第五章《夙孽》，第六章《輪迴》，第七章《學道之基礎》。末附以《近世歐美學道之略説》並《精華録讀法》。是書蓋欲使學者先明靈魂之不滅，輪迴之非妄，戒作孽，惕果報。然後再熟讀第七章内吉德三十條，凶德四十條，進善退惡，積德累功，築成學道之基。於是依《精華録讀法》，循序參修，則道無不成。學者得此南針之指，趨向可以不迷，誠爲道之先驅也。一册。三角六分，郵費一角一分。

《至道心傳》

重印本。是書乃葛仙翁弟子鄭思遠口傳，劉文彬所記録者也。明時曾有刻本，今極難得，非數十元不能買到。無錫黄氏家藏鈔本，世世珍秘之，恐其遺失，乃重印行世。蔣竹莊先生云：「余年少喜學道，所閲道書，無慮數百種，類皆詞意隱約，藏頭露尾，使人不易了解。惟此書語語真實，絶無遮掩，學者如依照實行，可以循序漸進，不入歧途。誠度世之寶筏，學道者不可不人手一編也。」一册。三角，郵費九分。

《道藏續編第一集》

守一子重刊。是書原本爲金蓋山人龍門第十一代閔一得所編訂，守一子重刊。所收《太一金華宗旨》、《東華正脈皇極闔闢證道仙經》、《尹真人寥陽殿問答編》、《泄天機》、《古法養生十三則闡微》、《上品丹法節次》、《吕祖師三尼醫世功訣》、《天仙心傳》、《天仙道程寶則》、《泥丸李祖師女宗雙修寶筏》、《金丹四百字註釋》等，皆道家精要之秘笈，天仙不傳之心法。外間傳本絶少，今用上號連史紙精印，以餉同志。並備有樣本，欲索閲者，祗須函内附郵票二分，即行寄奉。每部實洋三元六角，郵費一角六分。

《道藏精華録百種》

守一子少爲閎覽博物之學，而於宋儒之言性理者，亦稍涉其藩籬。顧自中歲以還，乃耑心學道。凡三洞奇編，十洲秘笈，皆廣搜博采，逐時甄録。孳孳焉，汲汲焉，精究三乘，詳難四輔，排比纂次，歷有年所。上自三清妙典，下迨南北兩宗，以及諸真之著述，諸子之疏解，有美畢臻，無奥不備。此所謂提其要，鉤其玄，探滄海而得珠，排泥沙而出璞者矣。讎勘既竣，爰付梓人，名曰《道藏精華録》，凡百種，分爲十集，每集十種。在編者則博觀而約取，在讀者實事半而功倍。如登康莊，如游五都，如入洞天福地，如親聆古人口口相傳之詔語。可以定欲海之瀾，登道岸之筏，撤無明之網，絶有漏之緣，悟涵三抱一之精，窺九轉八還之妙。取之不竭，用之無窮，豈非玄府之總持，大羅之密諦也哉？是書用上等連史紙精印，共訂十二厚册，實價十二元，外加郵費三角九分。如函索樣本，附郵票二分即寄。

《老子道德經箋註》

丁福保箋註。附《老子道德經書目攷》。本經辭簡而要，旨深而遠，包絡天地，玄同造化，爲修道最古之書。自王弼而下，注者衆矣，惟立説各殊，大類盲人摸象。今採集古來諸解之精義數萬言而爲之箋注，其中引晉抱朴子之説，發明老子之所謂道，所謂一，自謂能抉其精微，洞其奥窔，發道祖二千餘年來未發之秘要。永嘉符璋曰：「《老子》曰《道德經》，則道德乃其本旨。道德具於身，由身推而及於國家天下則可，但張天下國家而略於身，是喧賓奪主，未符本旨。」此書專就道德立説，而又别白老子之道，不同儒家。以「一」字詮道，以「玄關丹田、谷神玄牝」詮一，以回光返照、凝神禪定、赤子、真人化身，詮「守一、抱一、得一」。證以本經，又證以佛經，頭頭是道，全經一貫，洵本義也，亦正義也。復屏去方士附會之言，庶幾並老於黃，窮謂注家雖多，而求簡易賅通，以老注老，不以我注老者，必歸之此編矣。何寶如之？

《老子道德經書目攷》無錫周雲青撰。采輯其師丁氏疇隱廬、亦吾廬所藏之老子注解七十種，見于各文藝史志、經籍志、家藏書目者百六十六種，都二百三十六種，計七百八十二卷。附以考證，依年代之先後爲序，可資讀者之參考。一册。一元二角，郵費一角三分。

《老子玄玄解》

黄元炳撰。老子書，於句讀分辨最難。此書淺顯明白，揭露老子學問之真相，使句句能講，而其精深之義理，宣洩靡遺。手此一編，種種疑雲涣然冰釋矣。連史紙印，本局代售。一册。四角，郵費一角一分。

佛學叢書書目二

總發行所：上海静安寺路三十九號醫學書局

敝局所印各種佛經，皆用《詩》《書》箋註之例，使字字考核清楚，句句皆有來歷。不肯杜撰一字，不肯穿鑿一句。既便於初學，又便於文人，更便於識字比丘、三皈居士。謂余不信，試一讀之。以下各經，皆是實價，並無折扣。外省請經者，該欵可從郵局匯寄。如郵匯不通之處，可將中國郵票代之，照章作九五折算，寄書郵費外加。函索目録，須附郵票一分。外省紙幣以及國外鈔票，照收到日兑見計算。國内公債票、印花税票及外國郵票，一概不收。

（一）佛學入門書

《佛學撮要》

是書先説因果，後説浄土，爲學佛者最切要之書。普陀印光法師亦馳書讚賞，謂是書足開在家迷夢之膜，爲入法之前導。此書敝局及南洋兄弟烟草有限公司及杭州許居士、合肥段居士、五臺閻居士等先後印送三萬二千部，今已送完。敝局特再重印四千部，計算印資共需洋二百元，故每部收回成本洋五分。此書紙版現存上海愛文義路中新書局。各省尊者、居士，如欲重印者，乞與該局直接商辦可也。或各省就近另行刊版廣爲流通，功德無量。另有連史大本，每部實洋二角。

《佛學初階》

佛經中之《華嚴》《方等》《般若》《法華》《涅槃》諸經，以及大乘宗經釋經諸論，猶山嶽也。欲陟其巔，必須由最初之階級，循級而上。不則無有不傾躓顛仆，廢然而返者。是書爲無錫疇隱居士所編。疇隱深知佛經之難讀，且人不易信，故從讀佛經之第一步著手而編纂是書。語語有著落，句句有根柢。學者苟手此一編，則可由初級而二級而三、四、五級以至於登峯造極矣。○普陀印光法師曰：「疇隱所著《佛學初階》，於初學頗爲合機。以其先説因果，後説浄土。凡通文義者，皆能領會。讀之者自有欣欣向榮、欲罷不能之勢。演説者亦可就文宣説，不須東摘西採。誠爲勸人學佛之初步善本也。」每部二角。

《佛教宗派詳註》

是書凡分十宗，曰律宗、俱舍宗、成實宗、三論宗、天台宗、賢首宗、慈恩宗、禪宗、密宗、浄土宗，爲石埭楊仁山先生所著。提要鈎玄，於各家宗派，該攝無遺，不啻爲佛海之要津、法藏之寶鑰也。兹由無錫萬叔豪先生詳加注釋，追源溯流，務使閲者一覽瞭如。至若律宗中之三昧律師、密宗中之惠果大師等數十條，其事實爲世人所不易知者，亦莫不廣爲搜羅，一一詳細註解。有志研究佛學者，洵宜人手一編也。每部四角。

《佛學起信編》

普陀印光法師曰：「疇隱居士所著《佛學起信編》，光閲之，歡喜不既。藥無貴賤，愈病者良；法無優劣，合機則妙。當今世道人心，壞至極點，非因果報應的的可據之事，無以挽回。疇隱此書，其功甚鉅。不禁歡喜讚歎而爲同志告也。」○觀宗寺諦閑法師曰：「此編後之幾類，發揮佛法功德，及崇奉佛法之功。漸漸導之以出世。此吾所謂較之《指南》爲尤勝也。」此書並經梅光羲居士呈奉司法部核准，認爲監獄教誨書。每部五角。

《佛學指南》

疇隱居士編。此書指示學佛門徑，由淺及深，人人能解。普陀印光法師曰：「此書洵足以發聾振聵，啟迪後人。疇隱所著各書，惟此爲益最溥。又曰此書一出，當必有戰兢惕厲，葸葸不安之懷。從兹務得實益，務遠實禍，自一人以及多人，自一生以及多生，蒙法利而沐佛恩，出苦海而登覺岸者，相繼無盡也。謹以此爲疇隱賀。」○諦閑法師曰：「今日始將《指南》閱完一過，踴躍無量，善哉善哉，不敢增減一字。直是乘願再世，現身説法。」○太虛法師曰：「《佛學指南》，編次簡明，條理精審，足以示學佛者爲學之塗徑，且於輓近諸口頭學佛者，尤爲對症之藥。」此書並經梅光羲居士呈奉司法部核准，認爲監獄教誨書。每部四角。

《六道輪迴録》

佛經中最足啟人疑竇者，爲六道輪迴。此編援據近世各種事實，一一證明其疑竇。其第八章導人以實行念佛，求生淨土，爲脱離六道輪迴之結論。而世間有漏之善，雖恒沙之多，不足以爲比擬矣。末附「叢談」一門，最能助閱者興味。此書並經梅光羲居士呈奉司法部核准，認爲監獄教誨書。每部四角。○印光法師曰：「《六道輪迴録》《佛學起信編》《佛學指南》，實能令狃於見聞不知大道者，頓開眼界，回心轉念。知自己一向以坐井之見，妄測蒼天。而先賢所記，蓋以宿根深厚，承佛遺囑，故能不昧己靈，以世諦語言事迹，轉如來隨機度生法輪。從兹生正信心，發菩提心，畏輪迴之劇苦，慕安養之極樂。當必一倡百和，相率而出此娑婆，生彼極樂者，非算數譬喻之所能知也。」

《佛學之基礎》

今之涉獵佛經者，大抵先閲《楞嚴》《圓覺》《維摩》《法華》等經，以及《唯識論》《大乘起信》等論，往往一閲而未能卒業，或雖卒業而疑信參半，斯乃基礎未立。猶嬰兒尚未識淺近之字義，而遽使讀周秦以前之文也。勞而無功，固無足怪。若先畢業此書，而後再閲以上諸經，則勢如破竹，無半途中止之憂。每部五角。

《學佛實驗譚》

此書言念佛之外，又須依《觀經》所謂：孝養父母，奉事師長，慈心不殺，修十善業，具足衆戒，深信因果，讀誦大乘等等。故是書專輯關於孝悌、謹信、貞潔、慎獨、戒殺、戒盜、戒淫、等事事實驗諸門。學佛者果能將書中各條，身體而力行之，如金科玉律之不敢稍背。以此功德，迴向淨土，則他日之往生，其品必高，非帶業往生者所可比擬矣。○印光法師曰：「讀《佛學實驗譯》，不勝欣慰。近世士人，多守拘墟之見。有以因果報應生死輪迴之事理相告者，則曰此稗官野史小説家憑空捏造者，何足信乎？其人亦曾讀經閱史，雖見此種事，亦不體察其所以然。其拘墟也仍復如是。疇隱居士將歷史之因果報應、生死輪迴等事，集之一編之中，上而《麟經》，下及《明史》，其事迹的的可考。彼拘墟者讀之，當必啞口不敢謂其無稽妄造矣。至於學佛一事，原須克盡人道，方可趣向。若於孝弟忠信禮義廉耻等事一不實踐，雖終日奉佛，佛豈祐之哉？良以佛教該世出世間一切諸法，故於父言慈，於子言孝，各令盡其人道之分，然後再修出世之法。譬如欲修萬丈高樓，必先堅築地基，開通水道，萬丈高樓，方可增修，且可永久不壞。若或地基不堅，必至未成而壞。語云：選忠臣於孝子之門，學佛者亦復如是。昔白居易問鳥窠禪師曰：「如何是佛法大意？」師曰：「諸惡莫作，衆善奉行。」欲學佛法，先須克己慎獨，事事皆從心地中真實做出。若此人者，乃可謂真佛弟子。若其心奸惡，欲借佛法以免罪業者，是何異先服毒藥，後服良藥；欲其身輕體健，年延壽永者之徒勞無功也。《學佛實驗譚》一書，堪破此弊，流通於世，大有利益。每部三角。

《死後之審判》

長洲彭紹升編。其中皆載生人而主冥獄，赫赫判案，彰癉森嚴之事。誠有人静對而諦參焉，則一念迴光，善惡相泯，頓見父母未生前面目。雖黑面老子，當亦拱手而避席矣。每部大洋一角。

仿宋版精印《勸戒録類編》

是書爲福州梁敬叔先生原著，濟陽破衲分類重編，用上等連史紙仿宋版精印。所録皆見聞的確善惡果報之事。直是晨鐘暮鼓，足以警迷覺妄，并且據事直書，婦孺皆可通曉。允宜家置一編，庶幾傳觀遍説，爲陳福勸善之金箴，示禍戒惡之大鐸也。每部四册，連史紙實價六角，有光紙實價三角。

《入佛問答》

吴縣江沅撰。沅字子蘭，爲艮庭先生之孫。幼承家學，平生最精《説文》，又崇奉釋教。晚年出家，法名祖定。此書之作，因世人有唱三教同源之説者，又有爲佛門作種種之障礙者，又有沈溺於苦惱海中不知發心者，故爲之辯之激之勸之，不憚反覆一再言之。其窮形盡相，刻酷盡意處，皆其悲心所流露於不得已。務使閲者觸目警心，回光自照，大心頓發而後快。其餘條分縷析，多方引導，亦無非抉盡疑網，激發信根，此真度世之階梯也。現由杭州浄慈寺住持太虚法師分類重編，名曰《入佛問答類編》。每部二角。

《佛教感應篇》

無錫丁惠康編註。《太上感應篇》，著録於《宋史·藝文志》，爲勸善最古之書。釋氏弟子以其收入《道藏》，爲道家書，故不喜閲。兹因師其意，甄録佛語以代之，名曰《佛教感應篇》。學者果能昕夕誦讀此書，事事反求諸夙夜飲食男女、動静語默之間，一一貼向自家身心上做工夫，以去其六根門頭無量劫來業識種子，以還我本來面目之清浄性，自與諸佛菩薩把臂而行，同一鼻孔出氣矣。每部六分。

以上各書皆爲研究佛學之第一步要書，學者宜先閲。以後宜照此新定之目録，依次閲之。將此十餘種閲完，再擇數種爲朝夕誦讀之資，必獲大益。幸勿隨意躐等先後倒置爲是。

(二)最易入門之經典

《佛説八大人覺經箋註》

是經後漢安清譯,無錫丁福保箋註,爲佛經中卷册之最小者。吴稚暉先生序曰:「向日衲氏箋疏,務暢玄論,不重訓解。所以詞理鮮通,難達經旨。先生乃發願以中土《詩》《書》箋詁之法,施於梵經,並欲就漢魏古譯,先加釋註,重初源也。今註《八大人覺經》一卷已成,殆爲先生度世之第一法身船。誰歟能先至涅槃岸? 余姑序於其首,而與憧擾苦海者一商搉也。」每部六分。

《佛遺教經箋註》

是書爲佛涅槃時所説。西山真氏曰:「《遺教經》蓋瞿曇氏最後教諸弟子語。今觀此經以端心正念爲首,而深言持戒爲禪定智慧之本。學佛者不由持戒而欲至定慧,亦猶吾儒捨離經辨志而急於大成,去灑掃應對而語性與天道之妙,其可得哉? 余謂佛氏有此經,猶儒家之有《論語》。」每部一角三分。

《四十二章經箋註》

是經爲佛教最初流入中國之第一部經。《隋書·經籍志》曰:「後漢明帝夜夢金人飛行殿庭,以問於朝,而傅毅以佛對。帝遣郎中蔡愔及秦景使天竺求之,得佛經四十二章。」〇吴敬恒先生云:「此《四十二章經》者,在佛書不爲精微。然論典籍之價值,爲漢代古書,爲譯籍初祖,斷可視同六經、三史。」每部一角四分。

《觀世音經箋註》

是經即《法華經》之《普門品》。《晉書》百十五卷,有徐義者,爲慕容永所獲,義誦《觀世音經》,得脱於難。《法苑珠林》卷十七,載誦念《觀世音經》之靈異,凡十餘條。《古今圖書集成》載誦念《觀世音經》之靈異,多至不可勝記。通州張季直先生,曾手書此經藏於狼山觀音殿,以爲求子得子之紀念。如欲考求觀世音菩薩之種種靈異者，不可不讀此經之箋註也。每部一角五分。

《高王觀世音經箋註》

《北史·盧景裕傳》，景裕誦此經千遍，臨刑刀折，此經遂行於世。又見《魏書》八十四。又見《圖書集成·神異典》所引《冥祥記》，謂東魏孫敬德，誦此經千遍，臨刑刀折爲三。自六朝以來，因此經得救者，不可勝記。據此則知此經非後人之僞撰也。每部六分。

《觀世音菩薩靈感録》

觀世音菩薩於吾中國最有緣，故屢顯種種靈感。是書爲疇隱居士所編，共九章。首總論，次虔奉觀世音像之靈感，次念觀世音菩薩名號之靈感，次念《大悲咒》之靈感，次念《心經》之靈感，次念《觀音十句經》之靈感，次念《白衣經》之靈感，末殿以《靈感叢録》。凡觀世音菩薩古今來靈感之事，大抵皆萃於此矣。每部二角。

《盂蘭盆經箋註》

是經爲佛門示孝之經。釋迦文佛之大弟子大目犍連得大神通，見其生母墮餓鬼道，欲救未能。佛爲説法，得生天上。今天中節之盂蘭盆會，即根於此。讀此一經，不但知佛法廣大，且孝悌之心亦油然而興矣。末附談鬼數頁，亦可知鬼神之情狀。每部一角。

（三）浄土經典

《南無阿彌陀佛解》《三歸依解》《五學處解》合刊

弘一大師墨蹟，范古農居士解。解釋念佛之真理，名《南無阿彌陀佛解》。解釋歸依佛、歸依法、歸依僧之真理，名《三歸依解》。解釋不殺生、不偷盗、不邪淫、不妄語、不飲酒之真理，名《五學處解》。全書淺顯明白，老嫗都解，爲學佛者最切近之書。卷首附佛像暨極樂世界圖六幅。每部一角二分。

《阿彌陀經箋註》

《閱藏知津》曰：「《阿彌陀經》，佛在祇園與比丘菩薩諸天大衆俱，無問自説，告舍利弗，稱西方極樂世界阿彌陀佛不可思議依正功德。勸人發願求生，但以執持名號爲行。復引六方各恒沙佛出廣長舌勸信流通。今時叢席皆奉之爲晚課，真救世神寶，圓頓上乘也。」〇諦閑法師序文云：「佛法之妙，莫妙於淨土；淨土之妙，莫要於持名；持名之妙，莫要於此經。」每部二角。

《無量壽經箋註》（在刊）

《觀無量壽佛經箋註》

是經因阿闍世王欲害其父，并幽其母。其母厭棄娑婆惡世，願生無憂惱處。釋迦牟尼佛即爲其母韋提希説西方阿彌陀佛國土莊嚴，并授以十六種觀法，觀成即得往生。今此書中有宋朝人所繪之精妙圖象三十五頁。誠爲修淨土者不可不觀不可不讀之經也。箋註全用漢儒註經之例，不敢杜撰一字，句句皆有來歷，最便閱者。每部四角五分。

《學佛捷徑》

楊仁山先生曰：「淨土一門，一念淨信，頓超彼岸。可謂方便中之大方便，直捷中之最直捷矣。」是書搜輯古今淨土書之精華，而集其大成。學者閲此，有事半功倍，即入必定之樂，故名曰《學佛捷徑》。每部四角。

（四）法華三經

《無量義經箋註》

是經爲《妙法蓮華經》發端之經。《閱藏知津》云：「《無量義經》，説《法華》之前茅也，故收入法華部中。」考此經以齊高帝建元三年譯於廣州朝亭寺，至今已一千四百餘年，尚未有人爲註釋者，茲箋註其第一次也。《法華經》註者極多，而此經爲法華部中最要之經。讀者先讀此經，接讀《法華》，自有迎刃即解之樂。每部二角八分。

《法華經句解》

八卷，宋釋聞達解。中國久已失傳，今得仿宋本於日本而重刊之。此經之字，有以音同而誤者，如今本改「名」爲「明」。有以形似而誤者，如「若草木及筆」句，今本改「筆」爲「葦」。此書與今本相校，可校正今本之誤數十處，此仿宋本之所以可貴也。夫所謂句解者，逐句詮釋，不事繁徵博引，唯以疏通大旨爲主，如古人解經之作内傳者然。儒家之著述，古今來以句解名者，則爲宋朱申撰《周禮句解》、元朱祖義撰《尚書句解》及《春秋左傳句解》《孝經句解》等。雖循文詁義，無大發明，而較之竄亂古經、横生新義者，猶不失謹嚴之義焉。蓋以句解之體例然也。釋氏經典之有句解，則自是書始。雖其文義間涉淺易，而於初學良便。不可謂非讀《法華》者，難得之善本也已。簡首附《法華經靈感録》十餘頁，尤爲特色。每部一元二角。

《觀普賢菩薩行法經箋註》

是經爲《妙法蓮華經》之結經，與《無量義經》爲《法華經》之開經者，相爲終始。天台宗修法華之懺法，全以是經爲根據者也。其觀念普賢菩薩懺悔六根之罪之説，亦與《法華經》之《普賢勸發品》相表裏。經中所載種種不可思議事，亦同《法華》。讀者苟能隨文解義，口誦心想，則莊嚴世界彌陀、釋迦、十方諸佛俱在目。每部二角六分。

《法華三經》

《法華》一經，有《無量義經》以開其端緒，有《觀普賢經》以爲之結束。如車之有兩輪，鳥之有兩翼，不可或缺。否則《法華》雖妙，難以獨顯。惜也！中土因《無量義經》譯出太晚，不知三經本是一體，若身首之不可離。遂令《法華》直顯真實之理，如入廬山，無從得其真相。敝局今將《無量義經》《法華經》《觀普賢經》三種，合印爲袖珍本一册，以便誦讀。讀者循其次序，自首至尾，步步修行，即入法華觀之第一法門也。每部四角。

（五）般若部及禪宗

《心經箋註》

是經爲大藏之總鑰，衆生之指南。文僅二百六十餘字，能攝如來一代時教。蓋三藏所詮，雖浩渺難窮，然究其指歸，不越三觀法門，爲成佛度生之本。故自此經譯後，流行於社會，幾無家不誦。惜持誦者大抵不能通其意義。一讀此註，則如明鏡當前，可以恍然大悟矣。每部六分。

《心經詳註》

此註詳引《大般若經》《大智度論》及禪宗諸家學説，徵引最爲繁博，以補《箋註》之所不逮。學者苟能細加研究，於般若及禪宗諸部，必能得其精奥矣。每部三角。

《心經精義》

濟陽破衲編纂。此書爲古來《心經》註解中最淺顯、最明白、最精博、最確實之本。○觀宗寺顯蔭法師曰：「破衲博引《大般若經》《大智度論》及禪家語録，以闡發《心經》之精義。以般若解般若，本地風光，不假外求，洞達心源，備明空義，誠深契乎佛心，融合乎祖意。嗚呼！如破衲者，真可與談般若矣。」每部大洋一角。

《金剛般若波羅蜜經箋註》

是經即《大般若經》中之第五百七十七卷。《文獻通考》曰：「佛法之要，不在文字，而不離於文字。文字不必多讀，只《金剛經》一卷足矣。」梁恭辰曰：「持誦《金剛經》之靈異，自晉宋以來，備著傳記，至唐益顯。段成式家世持誦，歷受其益，有《金剛經鳩異》，皆當時目擊情事，非子虛也。」歷來解此經者，較《心經》尤多，然每每句讀不明，讀者未能開卷了然。讀此《箋註》，句句易曉，無艱深晦澀之苦。每部三角。

（六）佛學辭典

《佛學大辭典》

敝處新印之《佛學大辭典》，其考據之精詳，搜羅之廣博，約比《佛學小辭典》多十倍。蓋以是書笙簧於羣經，殽烝於衆論，識大識小，亦玄亦史。莊嚴如入天府，瑰麗如入都市。大則黄鐘赤刀，弘璧琬琰；小則米鹽粟菽，竹馬晬盤。色色形形，奇奇怪怪，聞者動心，觀者駭目。舉凡東西兩方與佛乘有關係之學説，悉匯萃於斯。洵屬名理之淵府，心王之遊苑，爵然爲東西大小乘元氣浩汗之一切經之總注也。是書共十六册，一千七百餘頁，與甲種《辭源》相彷佛。每部實價十二元，郵費四角二分。存書無多，欲買宜速。如欲先看樣本者，函索即得。惟信内須附郵票一分，爲寄回件之用。空函不復。

仿大辭典例《翻譯名義集新編》

是書原本共二十卷，六十四目。宋法雲大師編。以經典所用之語，分類編列。如係梵語，則譯以華言，並詳其得名之由及沿革。誠讀内典者不可少之書也。惟原書不易檢查，今特將原書各條照第一字筆劃之多寡爲次第，仿《佛學大辭典》體例重行改編。更將各條之種種異名，以及各條中所引典故一一揭出，編爲索引，冠於簡首，庶幾玄名妙義一檢便得，無冥搜闇索之苦。洵爲考據内典之最善本矣。每部一元。

《一切經音義彙編提要》

《一切經音義彙編》者，以唐慧琳法師《一切經音義》百卷、遼希麟法師《續一切經音義》十卷，逐字歸類，仿《佛學大字典》之例，彙爲一編者也。是書除有功於比丘、居士讀經注經之外，而經史疑義，求之注疏不得者，輒於是書採獲証佐，豁然明晰。所引書傳，皆隋餘唐初之本，文字審正，足校今本譌脱之謬。其於許氏《説文》之學，及編輯隋唐前之逸書者，爲功尤不可以縷指數。六藝精英，滙於巨帙，獵山漁海，採摭靡窮，非徒資記聞，矜奇僻者可比。誠藝林不可少之書，亦今世不多得之本也。今叙其大要，共分十篇：一、總論，二、以《音義》補《説文》逸字，三、以《音義》補《説文》注解中脱字，四五、以《音義》補《説文》注解中逸句，六、以《音義》訂正《説文》注解中竄改之謬，七、以《音義》訂正《説文》注解傳寫之譌，八、以《音義》考訂古音，九、以《音義》爲補輯逸書之資料，十、説明《音義》中同音通借之字作爲結論。每册三角。

仿大辭典例《一切經音義彙編》（在刊）

（七）新出各經典

《大悲咒箋註》

清乾隆丙子御跋有曰：「西竺震旦龍藏内觀世音神咒甚多，而《千手千眼大悲心陀羅尼》爲最上心印」云云。茲由無錫萬君叔豪爲之箋註，引證諦當，經旨了然。並於陀羅尼句下悉依宋人寫本註以佛菩薩天王鬼神諸相名號，尤爲難得之本。每部六分。

《圓覺經略疏》

佛言：此經百千萬億恒河沙諸佛所說，三世如來之所守護，十方菩薩之所歸依，十二部經清浄眼目。亦名如來決定境界，名爲頓教大乘。頓機衆生，從此開悟，亦攝漸修一切羣品。布施七寶，積滿大千世界，不如聞此經名，及一句義。教百恒河沙衆生得羅漢果，不如有人宣説此經分別半偈。唐圭峰禪師作略疏，裴相作序，盛行於世。每部四角五分。

《維摩經註》

什法師譯，什、肇、生、睿四法師注解。維摩詰，此云浄名。示疾毘耶離城，佛遣聲聞諸菩薩問疾，皆辭不任。文殊與八千菩薩大弟子等，來入丈室，問答妙法，深談實相不二法門等。借座鐙王，請飯香積，手按大千，室容海衆。亦名不思議解脱法門。每部四角。

《讀大乘起信論捷訣》

濟陽破衲編。此論示無價寶，詮讀上乘。演恒沙之法門，惟在方寸；開諸佛之秘藏，本自一心。遣執而不喪其真，存修而亦忘其相。少文而攝多義，假名而會深旨。返迷歸極，莫不由之。惟其理頗爲精奥，不得其訣，雖上哲亦苦其難。苟得之，中材可勉赴焉。此書指示要訣頗詳，得要訣後，必能盡解。洵可謂速通《起信論》之妙法也。每部三角。

《佛説無常經》

弘一法師曰：「是經流通於世，其利最普，願略述之。經中數説老病死三種法，不可愛，不光澤，不可念，不稱意。誦是經者，痛念無常，精進嚮道，其利一。正經文字，不逾三百，益以偈頌，僅千數十。文約義豐，便於持誦，其利二。佛許苾芻，唯誦是經，作吟詠聲。妙法希有，梵音清遠，聞者喜樂，其利三。此土葬儀誦經，未有成軌。佛世之制，宜誦是經。毘奈耶藏，本經附文，及《内法傳》，皆詳言之，其利四。斬伐草木，大師所呵。豪室之需，是不獲已。依律所載，宜誦是經，并説十善，不廢營作，毋傷仁慈，其利五。是經附文，《臨終方訣》，最爲切要，修淨業者，所宜詳覽。若兼誦經，獲益彌廣。了知苦、空、無常、無我，方諸安養樂國，風鼓樂器，水注華間所演法音，同斯微妙，其利六。生逢末法，去聖時遥，佛世芳規，末由承奉。幸有遺經，可資誦諷。每當日落黄昏，暮色蒼茫，抗聲哀吟，諷是經偈，逝多林中，窣堵波畔，流風遺俗，彷佛遇之，其利七。」每部六分。

《釋迦如來成道記註解》

此記唐王勃撰，宋道誠法師註解。證引經論，源源本本，如數家珍。世謂李善註《頭陀寺碑》，述三藏十二部經如瓶瀉水者，吾謂此註之宏通博洽，有過之無不及也。每部一角五分。

石印精鈔本《楞嚴經》兩厚册

是經爲桐城吴芝瑛女士所手寫。女士書法，久馳譽中外，此經尤端秀絶倫。其夫廉南湖先生，特用中國上等連史紙，以金屬板刷印，波磔鉤畫，與真蹟不差黍毫。卷首並附吴女士寫經圖，及鄭孝胥跋，誠爲難得之珍本。原價六元。現爲弘揚佛學起見，減售實洋三元，外加郵費一角三分。存書無多，欲購者，請從速，遲恐抱向隅之憾也。

《静坐法精義》

是書匯萃三教學説，提其綱而挈其領，以至簡明之言，述極深奥之理。學者依此以求，必得静坐之三昧。

蓋以古來口口相傳之秘訣，往往訪求名師，行數萬里，歷數十年而不得者，此書皆盡言無隱。爲修道中從來未有之要書也。每部四角。

《袖珍本佛經叢刊第一集》

佛經卷帙夥頤，來往舟車，頗以不能束之巾笥爲憾。考《南史·齊宗室傳》，衡陽王鈞，嘗手自細寫五經，置巾箱中，世號巾箱五經。《文獻通考》載劉原父初爲窮經之學，寢食坐卧，雖謁客未嘗不以六經自隨。蠅頭細書爲一編，置夾袋中。人或效之，後傭書者遂爲雕版，世傳夾袋六經是也。夫儒家之經，亦以大本爲不便攜帶，固有別爲小本者矣。余擬師其例，擇佛經及陀羅尼當朝夕諷誦者，得若干種，印成袖珍本。其目如下：〇《金剛經》〇《心經》〇《阿彌陀經》〇《觀世音經》〇《佛遺教經》〇《四十二章經》〇《八大人覺經》〇《大悲咒》〇《往生咒》〇《准提咒》〇《觀音十句經》〇《白衣咒》〇《諷佛偈及念佛方法》〇《發願文》。每部一角四分。

圖書在版編目(CIP)數據

佛經精華録箋註/丁福保編著. —上海:華東師範大學出版社,2014. 6
(普陀山佛學叢書)
ISBN 978-7-5675-2228-2

Ⅰ. ①佛… Ⅱ. ①丁… Ⅲ. ①佛經-注釋
Ⅳ. ①B942

中國版本圖書館 CIP 數據核字(2014)第 145939 號

普陀山佛學叢書
佛經精華録箋註

編著者 丁福保
點校者 界 定
特約編輯 鍾 錦
項目編輯 龐 堅
裝幀設計 上海紅邦品牌營銷傳播聯合機構
封面題字 華人德

出版發行 華東師範大學出版社
社 址 上海市中山北路 3663 號 郵編 200062
網 址 www.ecnupress.com.cn
電 話 021-60821666 行政傳真 021-62572105
客服電話 021-62865537 門市(郵購)電話 021-62869887
地 址 上海市中山北路 3663 號華東師範大學校内先鋒路口
網 店 http://hdsdcbs.tmall.com

印刷者 浙江省臨安市曙光印務有限公司
開 本 889×1194 32 開
印 張 9.25
字 數 201 千字
版 次 2015 年 1 月第 1 版
印 次 2015 年 5 月第 2 次
書 號 ISBN 978-7-5675-2228-2/B·865
定 價 32.00 元

出版人 王 焰